죽음 이후에
무엇이 있는가?

What Comes after This Life?
(Crucial Questions)
by R. C. Sproul

Copyright ⓒ 2023 by the R.C. Sproul Trust
Published by Ligonier Ministries
421 Ligonier Court, Sanford, FL 32771, USA
Ligonier.org

The Korean edition copyright ⓒ 2025 by Word of Life Press,
Seoul, Korea.
Translated by permission.
All rights reserved.

죽음 이후에 무엇이 있는가?

ⓒ 생명의말씀사 2025

2025년 8월 20일 1판 1쇄 발행

펴낸이 | 김창영
펴낸곳 | 생명의말씀사

등록 | 1962. 1. 10. No.300-1962-1
주소 | 서울시 종로구 경희궁1길 6 (03176)
전화 | 02)738-6555(본사) · 02)3159-7979(영업)
팩스 | 02)739-3824(본사) · 080-022-8585(영업)

기획편집 | 서지연, 최은용
디자인 | 김혜진
인쇄 | 영진문원
제본 | 다온바인텍

ISBN 978-89-04-16931-3 (04230)
ISBN 978-89-04-70115-5 (세트)

저작권자의 허락 없이 이 책의 일부 또는 전체를
무단 복제, 전재, 발췌하면 저작권법에 의해 처벌을 받습니다.

WHAT COMES
AFTER THIS LIFE?

죽음 이후에
무엇이 있는가?

죽음과 심판, 영원한 생명 앞에서 복음이 던지는 물음

CONTENTS

01 — 두려움과 불확실성 · 7

죽음은 무엇인가?
영혼과 육체가 분리되는 순간에 대한 성찰

02 — 돌아갈 집을 생각하며 · 17

죽음 이후, 영혼은 어디로 가는가?
중간 상태에 관한 탐구

03 — 여행 가방 위에 앉아 · 29

몸은 다시 살아나는가?
영화로운 부활에 대한 약속

04 — 흙에서 일어나 · 45

모든 사람은 심판대 앞에 서는가?
하나님의 최후 심판에 대한 확증

05 — 눈물은 이제 그만 · 63

천국은 어떤 곳인가?
하나님과 함께 누리는 영원한 위로와 생명

06 — 피할 수 없는 진실 · 79

지옥은 실제하는가?
거룩한 진노와 영원한 형벌의 장소

07 — 중대한 구분 · 95

누가 구원받는가?
의인과 악인의 영원한 갈림길

08 — 형벌의 정도 · 109

심판은 모두에게 똑같이 임하는가?
행위에 따라 주어지는 형벌의 차이

09 — 돌아올 수 없는 지점 · 125

죽음 이후의 운명은 되돌릴 수 있는가?
지금 결정되는 영원의 방향

01

두려움과
불확실성

WHAT COMES AFTER THIS LIFE?

인간 앞에 놓인 최대의 난제는 죽음이다. 제아무리 죽음에 관한 생각을 떨쳐 버리려고 노력한다 해도 우리가 유한한 존재라는 인식을 완전히 지울 수는 없다. 누구나 때가 되면 요단강 앞에 서게 된다는 사실을 우리는 잘 알고 있다.

사도 바울은 다음과 같이 쓰고 있다. "그러므로 한 사람으로 말미암아 죄가 세상에 들어오고 죄로 말미암아 사망이 들어왔나니 이와 같이 모든 사람이 죄를 지었으므로 사망이 모든 사람에게 이르렀느니라 죄가 율법 있기 전에도 세상에 있었으나 율법이 없었을 때에는 죄를 죄로 여기지 아니하였느니라 그러나 아담으로부터 모세까지 … 사망이 왕 노릇 하였나니"(롬 5:12-14). 여기서 우리는 모세를 통해 율법이 주어지기 전에도 죄가 있었음을 알 수 있다. 율법 이전에도 사망이 왕 노릇하고 있었다고 했기 때문이다. 사망이 있다는 것은 죄의 존재를 증명하는 것이고, 죄가 있다는 것은 율법의 존재를 증명하는 것이다. 결국, 사망이 세상에 들어온 것은 죄의 직접적인 결과였다.

세상은 죽음을 자연 질서의 일부로 보는 반면, 그리스도인은 그것을 인간의 본래 상태가 아닌 타락한 질서의 일부로 본다. 즉, 죄에 대한 하나님의 심판으로 죽음에 이르게 된 것이다. 처음부터 모든 죄는 극형에 처해야 할 범죄였다.

하나님은 아담과 하와에게 이렇게 말씀하셨다. "동산 각종 나무의 열매는 네가 임의로 먹되 선악을 알게 하는 나무의 열매는 먹지 말라 네가 먹는 날에는 반드시 죽으리라"(창 2:16-17). 여기서 하나님께서 경고하신 죽음에는 영적인 죽음뿐만 아니라 육적인 죽음도 포함된다. 하지만 죄를 지은 그날 아담과 하와의 육신이 곧바로 죽지는 않았다. 하나님께서 은혜를 베푸사 죗값을 치르기 전에 조금 더 살 수 있게 해주셨기 때문이다. 그러나 결국 그들은 이 땅에서 멸망할 수밖에 없었다.

모든 인간은 죄인이며, 그렇기에 사형 선고를 받아둔

상태다. 모두가 그 형이 집행될 날만을 기다리고 있을 뿐이다. 그렇다면 그 죽음 **이후에는** 어떻게 되는가 하는 것이 문제다. 그런데 그리스도인의 형벌은 그리스도께서 대신 갚아 주셨다. 바로 이 점에서 우리가 죽음을 바라보는 시각이 크게 달라진다. 바울은 감옥에서 다음과 같이 썼다.

> 이것이 너희의 간구와 예수 그리스도의 성령의 도우심으로 나를 구원에 이르게 할 줄 아는 고로 나의 간절한 기대와 소망을 따라 아무 일에든지 부끄러워하지 아니하고 지금도 전과 같이 온전히 담대하여 살든지 죽든지 내 몸에서 그리스도가 존귀하게 되게 하려 하나니 이는 내게 사는 것이 그리스도니 죽는 것도 유익함이라 그러나 만일 육신으로 사는 이것이 내 일의 열매일진대 무엇을 택해야 할는지 나는 알지 못하노라 내가 그 둘 사이에 끼었으니 차라리 세상을 떠나서 그리스도와 함께 있는 것이 훨씬 더 좋은 일이라 그렇게 하고 싶으나 내가 육신으로 있는 것이 너희를 위하여 더 유익하리라(빌 1:19-24)

많은 신자가 위의 본문에서 바울이 한 말에 큰 충격을

받는다. 우리가 비록 죽음을 이기신 그리스도 안에서 기쁨을 누리긴 하지만, 그래도 여전히 죽음은 두려운 현실이기 때문이다. 또한, 그리스도인이라고 해서 고통스러운 죽음을 면제받는다는 보장도 없지 않은가? 따라서 죽음을 떠올릴 때 두려움이 엄습하는 것은 그리스도인이나 비그리스도인이나 별 차이가 없다. 그리고 그 두려움은 바로 죽음 후에 어떻게 되는지에 대한 의구심과 맞닿아 있다.

그리스도인에게는 하나님의 약속이 있다. 이 약속 위에서 바울은 "내게 사는 것이 그리스도니 죽는 것도 유익함이라."라고 말할 수 있었다. 우리는 하나님 앞으로 가게 되리라는 약속을 받은 것이다. 하지만 이러한 약속에도 의문은 남는다. '천국은 어떤 곳일까? 우리 마음에 들까? 우리는 거기서 무엇을 하게 될까? 그리고 우리는 어떤 모습일까?'

이 땅에서의 삶에는 많은 어려움이 있지만, 우리가 아는 것은 그것뿐이다. 사실, 바울도 이 땅의 삶을 깎아내리지는 않았다. 단지 이렇게 말했을 뿐이다. "내가 그 둘 사이에 끼었으니 차라리 세상을 떠나서 그리스도와 함께 있는 것이 훨씬 더 좋은 일이라 그렇게 하고 싶으나 내가 육신으로 있는 것이 너희를 위하여 더 유익하리라." 바울은 이 땅의 삶, 특히 자신의 사역을 계속해 나가고자 했다. 다만 '떠나서 그리스도와 함께 있는 것이 훨씬 더 좋은 일'이라는 사실을 인정했던 것이다.

그리스도인이 아닌 이들에게는 이 소식이 그다지 달갑지 않다. 다시 한번 하나님의 약속이 주어지는데, 이번에는 심판의 약속이다. 그리스도를 믿지 않는 사람들에게 죄에 대한 하나님의 진노가 내려질 것이라는 약속 말이다. 그 심판은 소위 지옥이라고 불리는 곳에서 받게 된다. 그런데 여기에도 또 다른 모습의 불확실성이 존재한다. '지옥은 어떤 곳일까? 그 심판에는 어떤 형벌이 있을까? 거기서 빠져나올 가능성이 있기는 할까? 악인들을 (지옥에 보내 고통받게 하는 것보다) 그냥 소멸시켜 버리는 것이 차라리 더 옳은 일이 아닐까?'

이러한 질문들을 해보는 것은 중요한 일이다. 왜냐하면 우리는 모두 언젠가 이 죽음을 마주하게 될 것이기 때문이다. 이 책에서 우리는 천국과 지옥에 관한 성경적 근거들을 살펴봄으로써, 우리가 느끼는 불확실성을 떨쳐내고자 한다. 초지일관 흔들림 없는 그리스도인으로 산다는 것은 성경의 확고한 초자연주의를 인정한다는 뜻이다. 하지만 오늘날의 세상은 이러한 초자연주의를 극도로 혐

오한다. 따라서 우리의 세계관은 불신 세상의 문화가 아닌 성경을 기초로 세워가야 한다. 그렇게 할 때에만 우리는 희망을 찾을 수 있다. 우리를 지으시고 그분의 아들을 통해 우리를 천국으로 인도하셔서 지옥의 고통을 당하지 않게 하시겠다고 약속하신 하나님 안에만 참된 소망이 있기 때문이다.

02

돌아갈 집을
생각하며

WHAT COMES AFTER THIS LIFE?

　천국은 어떤 곳일까? 살면서 이런 질문을 한 번도 안 해본 사람이 있을까? 아마도 가장 먼저 떠오르는 질문은 "과연 천국이 정말로 있을까?"일 것이다. 지금까지 기독교는 소위 뜬구름 잡는 종교라는 비판을 많이 받아왔다. 칼 마르크스(Karl Marx)는 종교가 인민의 아편이라는 생각을 널리 퍼뜨렸다. 한마디로 종교는 지배 계급이 세상의 가난한 사람들을 착취하고 억압하기 위한 도구로 만들어 낸 것이라는 의미다. 마르크스의 주장에 따르면, 종교는 사람들에게 커다란 보상을 약속함으로써 그들이 항거하지 못 하도록 한다. 즉, 사람들이 자신의 주인에게 복종하고 낮은 임금을 받아들이면 큰 보상을 받되, 다만 그것을 받는 시기는 영원한 세상으로 미뤄진다는 것이다.

그리고 이렇게 가난한 사람들을 무자비하게 착취하는 자들은 이 땅에서 부를 쌓는다. 마르크스는 종교가 천국에 대한 소망을 빌미로 삼아 생각 없는 사람들을 통제하기 위한 도구로 사용되었다고 보는 냉소적인 견해를 취했다. 이후로는 이런 견해들이 일반화되었고, 이제는 장례식장이나 묘지 앞에 있는 것도 아닌데 사후의 삶에 대해 고민하면, 세상 물정 모르는 사람 취급을 받게 되었다.

기독교를 제대로 받아들이려면 천국이 기독교에서 얼마나 중요하고 중심적인 개념인지 이해해야만 한다. 성경의 가장 핵심적인 가르침에는 정말로 '뜬구름 잡는' 것 같은 생각이 담겨 있다. 나는 우리가 하나님께서 그분의 백성을 위해 예비해 두신 그 환희에 대한 갈망이나 민감함을 잃어버린 것은 아닌지 안타깝게 생각한다.

그리스도인들은 가끔 신약성경에서 가장 좋아하는 구절이 어디냐는 질문을 받곤 한다. 이 질문의 답변으로 가장 높은 순위에 있는 두 가지 본문은 위대한 사랑 장이라고 하는 고린도전서 13장, 그리고 요한복음 14장이다. 이제 우리는 이 요한복음 14장을 통해 천국에 관해 간단히 살펴보고자 한다.

이 장에서는, 예수님께서 최후의 만찬이 있던 날 밤에

다락방에 모인 그분의 제자들에게 마지막으로 중요한 말씀을 전하신다. 이날은 그분께서 배신당하신 날이자 십자가에 달리시기 전날 밤이다. 예수님은 제자들에게 이렇게 말씀하신다. "너희는 마음에 근심하지 말라 하나님을 믿으니 또 나를 믿으라 내 아버지 집에 거할 곳이 많도다 그렇지 않으면 너희에게 일렀으리라 내가 너희를 위하여 거처를 예비하러 가노니"(요 14:1-2). 먼저 예수님은 제자들에게 마음의 고민이나 번민이 틈타지 않게 하라고 타이르신다. 그들에게 믿음과 신뢰를 촉구하시는 것이다. 그런데 이런 말씀이 우리에게는 너무도 큰 위로가 되다 보니 때로는 이 짧은 논리 구조에 담겨 있는 논지의 타당성을 간과해버릴 수 있다.

예수님은 "너희는 마음에 근심하지 말라."라고 하신 후 "하나님을 믿으니 또 나를 믿어라."라고 권면하신다. 하나님을 믿는 것과 그리스도를 믿는 것은 서로 불가분리의 관계로 엮여 있다. 왜냐하면 신약성경에서 예수님이 누구신지를 인증하고 확증하시는 분이 바로 하나님이시기 때문이다. 하나님은 그리스도께 기적을 행할 수 있는 능력을 부여하시고, 또 그분을 죽은 자들 가운데서 일으키심으로써, 그리스도께서 하나님의 사랑을 받는 아들이심을 증명하고 인증하신다. 신약성경에는 하나님께서 사람이 들을 수 있는 음성으로 하늘에서 말씀하신 일이 세 번에 걸쳐 기록되어 있으며, 하늘에서부터 들려주신 이 세 번의 말씀은 사실상 모두 동일한 내용을 담고 있다. 그것은 바로 "이는 내 사랑하는 아들이요"라는 것이다. 여기서 한 번은 "내 기뻐하는 자라"(마 3:17)라고 하셨고, 다른 한 번은 "너희는 그의 말을 들으라"(마 17:5)라고도 하셨다. 요한복음 14장에서 예수님은 성부 하나님께서 그분을 세상에 보내셨으며, 또한 성부 하나님께서 그분이 누구신지에 대해 세상에 증언하실 것이라고 말씀하신다.

바로 이러한 맥락 속에서 천국에 대한 예수님의 언급이 등장한다. 예수님은 천국에 대해 언급하시기 전에 하나님을 믿는 것과 그분을 믿는 것에 관해 말씀하신다. 그분은 왜 "하나님을 믿으니"라는 말로 시작하실까? 실질적으로, 하나님과의 관계는 삶과 죽음, 그리고 세상과 천국에 대한 전체적인 이해를 좌우하는 핵심적인 개념이다. 만약에 하나님이 없다면, 사람의 존재가 지속되는 것, 곧 우리가 **생명**이라고 부르는 것에 대해 커다란 소망을 가질 이유가 없다. 그러나 만약 하나님께서 존재하신다면, 그분이 결국에는 소멸해 버릴 피조물을 당신의 형상대로 지으셨다가, 마침내 그것을 무존재의 심연에 빠뜨리시고, 마치 들판의 풀처럼 잠시 살다 없어지게 하시며, 모든 기억과 소망, 그리고 온갖 노고가 아무런 의미 없이 사라져 버리게 하신다는 것처럼 어처구니없는 생각이 어디에 있겠는가?

셰익스피어의 『맥베스』(Macbeth)에는 '자신에게 주어진 시간 동안 무대 위를 활보하며 한껏 기량을 뽐내다가 그 후에는 더 이상 그 연주를 들을 수 없게 된' 가련한 연주자가 등장한다. 그렇다면 그 연주에 대한 평가는 어떠한가? "그것은 바보가 지어낸 이야기다. 소음과 분노로 가득 차 있지만, 아무 의미도 없다." 정말 놀라운 비유다! 이 사람은 인생의 짧은 시간 세상의 각광을 받았지만, 어느 날 갑자기 정적만이 남게 되었다.

여기서 요점은, 만약 인간의 최종적인 결말이 이와 같다면, 그 삶에 관한 이야기는 바보가 지어낸 이야기와 다를 바 없다는 것이다. 바보는 비이성적인 사람을 말한다. 그는 말이 안 되는 소리를 지껄인다. 그런 사람은 광기의 경계선에 서 있으며, 그가 지절대는 잡담들은 신뢰할 만한 이야기가 못 된다. 거기에는 온갖 소음과 분노, 잡음과 욕정이 가득하지만, 아무런 의미도 담겨 있지 않다. 나는 모든 인간이 죽음 앞에 섰을 때 마주하게 되는 가장 커다란 존재론적 질문이 바로 이것이라고 생각한다.

 나는 내 아들이 세상에 태어난 날을 결코 잊지 못할 것이다. 만약 여러분의 인생 안으로 찾아 들어온 새로운 생명을 보게 된다면, 여러분의 삶은 자동으로 변할 것이다. 바로 그 순간부터 영원토록 모든 관계가 달라진다. 나는 그날의 일을 생생히 기억한다. 왜냐하면 그날 저녁 나는 병원으로 어머니를 모시고 와서 손자가 태어난 것을 보여드렸기 때문이다. 첫 손자를 보신 어머니는 황홀해 마지않으셨다. 그날 저녁 늦게 집으로 돌아와 거실에 들어서자 어머니께서 이렇게 말씀하셨다. "오늘은 내 생애 가장 행복한 날이다." 나는 어머니를 방으로 모셔다드린 후 편안히 주무시라는 인사를 하고 나왔다.

 다음 날 아침, 나는 딸이 내지르는 소리에 잠에서 깼다. 아이는 내 방으로 달려와 이렇게 말했다. "할머니가 안 일어나세요." 어머니 방에 들어선 순간 나는 간밤에 어머니께서 돌아가셨다는 것을 직감했다. 어머니의 몸에 손을 대보니 몸이 차갑게 식어 있었다. 그 순간 나는 살면서 참으로 기이한 경험을 했다. 어머니 침대 곁에 서 있던 나는 마치 조금 전에 어머니께서 "오늘은 내 생애 가장 행복한 날이다."라고 말하신 것 같은 느낌이 들었기 때문이다.

어머니는 늘 남을 배려하는 열정적인 삶을 사시던 분이었는데, 그러던 분이 이제는 생명 없는 존재가 되었다. 전날 아침에는 아들이 태어남으로써 새로운 생명의 탄생을 보았는데, 사실상 아들이 태어난 바로 그날 어머니가 돌아가셨다. 이렇게 나는 생명과 죽음의 충돌을 경험한 것이다. 나는 그 자리에 선 채로 이렇게 말했다. "이건 말이 안 돼. 죽음은 정말 이해가 안 돼." 동시에 내 안의 모든 세포가 내게 이렇게 말하는 것 같았다. "이것이 인간의 최종적인 결말이 될 수는 없다."

어쩌면 그 모든 말은 인생의 가치를 믿고 싶은 내 영혼의 감정적 필요에서 비롯된 것이라고 설명할 수도 있을 것이다. 하지만 내가 생각했던 것은 다음과 같은 의미였다. '만약 하나님께서 존재하신다면, 이게 끝은 아닐 것이다.' 이것이 바로 예수님께서 제자들에게 "너희는 마음에 근심하지 말라."라고 하신 말씀의 핵심이다. 누워계신 어머니 옆에 우두커니 서 있었을 때 나의 마음은 깊은 근심에 휩싸였지만, 예수님은 내게 말씀하셨다. "그러면 안 된다. 너는 마음에 근심하지 말아라. 하나님을 믿으니 또 나를 믿어라."

이렇게 하나님 아버지에 대한 믿음과 그리스도에 대한

믿음을 연결하신 후에, 예수님은 곧이어 다음과 같이 말씀하신다. "내 아버지 집에 거할 곳이 많도다 그렇지 않으면 너희에게 일렀으리라 내가 너희를 위하여 거처를 예비하러 가노니"(요 14:2). 여러분은 지금 예수님께서 제자들에게 하시는 이 말씀이 들리는가? 그분은 스스로 죽음의 순간에 다가가시면서 제자들에게 이렇게 선언하시는 것이다. "나를 믿어라. 그리고 아버지를 믿어라. 내 아버지의 집에는 거할 곳이 많다. 나는 너희가 거할 곳을 예비하기 위해 너희 앞서 그곳으로 간다." 만약 예수 그리스도께서 성육신하신 하나님이시라면, 그분은 이 땅에 발을 디딘 최고의 신학자이시라는 사실을 마음 깊이 새기라. 그분에게는 신학적인 실수나 오류가 있을 수 없다. 그분은 제자들이 잘못된 믿음을 붙들고 여생을 살아가게 하시지 않았을 것이다.

예수님께서 말씀을 이어가신다. "가서 너희를 위하여 거처를 예비하면 내가 다시 와서 너희를 내게로 영접하여 나 있는 곳에 너희도 있게 하리라"(요 14:3). 이 말씀은 이런 뜻이다. "나는 내 아버지의 집으로 돌아간다. 거기서 나의 마지막 유산을 받을 것이다. 하지만 천국에서 혼자 있지는 않을 것이다. 그곳에 너희를 위한 거처를 예비할 것이고, 그런 다음 다시 돌아와 내가 있는 곳에 너희도 있게 할 것이다."

그리스도인이든 아니든, 사람은 누구나 세상을 떠난 사랑하는 이들과 재회하기를 간절히 바란다. 그러나 그리스도인은 무엇보다 그리스도와 함께 있기를 열망한다. 나는 천국에 계신 나의 아버지와 어머니, 그리고 나의 친구들이 너무도 보고 싶다. 하지만 그것을 넘어 내 영혼의 궁극적인 소망은 부활해서 아버지 집에 계신 그리스도를 뵙는 것이다. 바로 이것을 그분께서 약속해 주셨다.

가끔씩 천국의 모습과 같은 경이로운 어떤 것을 깊이 생각하다 보면 두려움과 의심에 움츠러들 때가 있다. '그렇게 좋은 곳이 실제로 존재할 수 있을까?' 하는 의문에 사로잡혀 차라리 지금 여기서 잘 사는 것이 더 낫겠다는 생각을 하기도 한다. 그러다 보니 필사적으로 이 세상의 삶에 집착하며, 그 너머에는 더 나쁜 것이 있을지도 모른다는 두려움에 빠져 살아간다. 그러나 천국에 가는 이들에게 하나님께서 마련하신 그 한없는 행복은 우리가 이 땅의 삶에서 집착하는 그 어떤 기쁨이나 즐거움과 비교조차 할 수 없는 것이다.

03

여행 가방 위에 앉아

WHAT COMES AFTER THIS LIFE?

아마 결혼한 사람들이라면 누구나 신혼여행에 대한 재미있는 경험담 하나쯤은 가지고 있을 것이다. 나 또한 그런 에피소드가 하나 있다. 그런데 나는 그 당시에는 이 사건이 전혀 유쾌하지 않았다. 왜냐하면 그 결혼식은 8년 동안 연애했던 나와 아내가 인내하며 기다려왔던 날이었기 때문이다. 우리는 1960년 6월 11일 오후, 피츠버그에서 결혼식을 올렸다. 예식을 올린 후에 피로연이 있었고, 그다음에는 친척 집으로 가서 또 다른 피로연을 열었으며, 그리고 나서야 한참을 달려 공항에 도착했다. 우리는 드디어 뉴욕 제이에프케이(JFK) 공항으로 가는 비행기에 올랐다. 뉴욕의 한 호텔에서 그날 밤을 보내고, 다음 날 아침 우리의 신혼여행지인 버뮤다로 가기로 되어 있었다.

신혼여행을 계획할 때는 보통 안내 책자의 사진들을 보고 그곳의 아름다운 풍광을 미리 들여다보곤 한다. 나는 세상에서 버뮤다보다 더 아름다운 곳은 생각도 할 수 없었고, 그래서 우리 여행이 너무도 설레고 기다려졌다.

그런데 첫 번째 문제가 발생했다. 우리가 내린 곳은 제이에프케이 공항이 아닌 뉴어크(Newark) 공항*이었던 것이다. 하지만 우리가 머물 호텔은 제이에프케이 공항 인근에 있었다. 다음 날 아침 그 공항에서 비행기를 타야 했기 때문이다. 뉴어크 공항에 내린 날은 토요일 밤이었고, 교통체증은 정말 끔찍했다. 나는 공항의 택시 기사분께 제이에프케이 공항까지 가는 데 얼마나 걸리겠는지 물어보았다. 기사분이 한 시간 이상 걸릴 것이라고 대답하자, 나는 "그러면 안 되겠네요."라고 말했다. 다시 공항 안으로 들어간 나는 뉴어크에서 제이에프케이까지 갈 수 있는 3인용짜리 작은 경비행기의 표를 구했다. 그 비행은 아찔한 모험 같았다. 왜냐하면 뉴욕의 도심 상공을 낮게 날아서 갔기 때문이다. 그렇게 해서 잠시 후 우리는 드디어 제이에프케이 공항에 도착했다.

---

* 뉴어크 공항은 뉴욕주 바로 옆에 있는 뉴저지주에 있는 공항으로, 뉴욕주와의 경계선에 맞닿아 있어 평상시에는 차로 40~50분 정도 걸리는 거리에 있다-역주.

다음 일정은 공항 터미널에서 호텔로 가는 일이었다. 경비행기의 기장은 터미널 안으로 들어가 벽에 있는 무료 전화기를 이용해 우리가 머물려는 호텔에 전화를 하라고 알려 주었다. 그러면 거기서 리무진을 보내 우리를 태워 갈 것이라고 했다. 그래서 나는 터미널 안에 있는 무료 전화기로 호텔에 전화를 걸었다. "네, 스프로울 씨. 예약이 되어 있습니다. 저희가 곧 리무진을 보내 드리겠습니다." 이에 아내 베스타(Vesta)와 나는 터미널 앞으로 나가 여행 가방에 앉아 기다렸다. 그날 밤 우리는 거기에 앉아 오지 않는 리무진을 한 시간 반 동안이나 기다렸다. 갓 결혼식을 올린 그 밤에 말이다. 그렇게 긴 시간이 지나고 나서야 나는 호텔에서 우리를 깜빡했다는 것을 깨닫고 다시 가서 전화를 했다. 알고 보니 다른 사람을 우리로 착각하고 데려갔던 것이다. 그렇게 우리는 결혼식을 올린 날 밤 한 시간 반 동안 여행 가방 위에 앉아 있었다.

이제 여러분에게 하나 묻고 싶다. 만약에 내가 "우리는 이 여행 가방 위에 앉아 보내는 시간이 너무도 즐거워서 버뮤다 여행은 아예 생각도 나지 않고 그것을 취소해도 될 것 같습니다."라고 말한다면 여러분은 우리를 어떻게 생각하겠는가? 아마도 내가 정신이 나갔다고 생각할 것이다.

그런데 천국을 바라보는 우리의 태도가 언제나 그와 같다. 조나단 에드워즈(Jonathan Edwards)는 눈부시게 아름다운 곳을 향해 순례길에 오른 사람이라면 그 길 중간에 있는 작은 여인숙에서 평생토록 머물지는 않을 것이라고 말한 적이 있다.

여행 중에 잠시 쉴 곳을 만나는 것은 좋은 일이다. 하지만 우리는 더 좋은 곳을 향해 계속해서 나아간다. 조나단 에드워즈의 말은, 이 세상에 집착하는 그리스도인은 길가에 있는 작은 여인숙에 자리를 깔고 앉아 찬란한 목적지를 까맣게 잊어버린 여행객과 같다는 뜻이다. 우리의 목적지는 버뮤다보다 훨씬 더 찬란하고 아름다운 곳이다. 그곳은 바로 천국이다. 우리는 단지 천국이 존재한다는 사실을 아는 것에 그치지 않고, 이 천상의 거처는 우리가 세상에서 경험하는 그 어떤 것과도 비교할 수 없을 정도로 빼어나고 아름다운 곳이라는 점을 깨달아야 한다.

바울이 빌립보 교회에 보낸 편지를 보자. 바울은 지금 생의 마지막 순간에 접어들고 있으며, 현재는 감옥에 갇힌 상태라는 점을 기억하라. 그는 자신이 처한 상황 속에서 분투하며 다음과 같은 말을 했다. "이것이 너희의 간구와 예수 그리스도의 성령의 도우심으로 나를 구원에 이르게 할 줄 아는 고로 나의 간절한 기대와 소망을 따라 아무 일에든지 부끄러워하지 아니하고 지금도 전과 같이 온전히 담대하여 살든지 죽든지 내 몸에서 그리스도가 존귀하게 되게 하려 하나니"(빌 1:19-20).

여러분은 바울의 이 말을 이해할 수 있겠는가? "저들이 내게 어떤 짓을 할지 알 수 없습니다. 내 몸을 갈기갈기 난도질할 수도 있습니다. 혹은 내 목을 베어버릴 수도 있습니다. 하지만 살든지 죽든지 오직 그리스도께서 내 몸 안에서 존귀와 영광을 받으실 것만큼은 내가 담대히 말할 수 있습니다." 이런 상황을 마주하면서 어떻게 그의 마음과 정신은 그토록 자신감과 평온함이 넘칠 수 있었을까?

사도 바울은 계속해서 이렇게 말한다. "이는 내게 사는 것이 그리스도니"(21절). 바울에게는 단 하나의 생각, 단 하나의 꺼지지 않는 열정만이 남아 있었다. 그것은 바로 그리스도다. 그는 오직 그리스도께만 집중하고 있었기에 "내게 사는 것이 그리스도니"라고 말했던 것이다. 그런데 그다음에 어떤 말이 뒤따라오는가? "죽는 것도 유익함이라"(21절)라고 했다. **유익함**과 **해로움**은 반대말이다. 우리는 죽음을 그저 여러 가지 **해로움** 중의 하나로 여기는 것이 아니라, 이 세상의 모든 해로움 중에서 최악의 것으로 보곤 한다. 사실, 사랑하는 사람을 죽음으로 잃으면 그것이 우리에게는 해가 된다. 하지만 그것이 세상을 떠난 이들에게도 반드시 해가 된다고 할 수 있을까? 천국에 가기로 정해져 있다면 그렇지 않다.

그런 뒤에 바울은 다음과 같이 쓴다. "그러나 만일 육신으로 사는 이것이 내 일의 열매일진대 무엇을 택해야 할는지 나는 알지 못하노라 내가 그 둘 사이에 끼었으니 차라리 세상을 떠나서 그리스도와 함께 있는 것이 훨씬 더 좋은 일이라 그렇게 하고 싶으나 내가 육신으로 있는 것이 너희를 위하여 더 유익하리라 내가 살 것과 너희 믿음의 진보와 기쁨을 위하여 너희 무리와 함께 거할 이것을 확실히 아노니 내가 다시 너희와 같이 있음으로 그리스도 예수 안에서 너희 자랑이 나로 말미암아 풍성하게 하려 함이라"(22-26절). 역사적 기록을 보면, 바울은 이 투옥 기간을 지나 살아남았던 것으로 보인다. 이번이 그의 마지막 수감이 아니었던 것이다. 그의 지상 사역이 연장됨으로써 결국 그가 빌립보 교인들에게 선언했던 그 일이 실제로 이루어졌다.

여러분은 바울이 묘사하는 이 딜레마를 이해할 수 있는가? 그는 마음속에서 일어나는 욕망의 충돌과 관련하여 심오한 의미의 양면적 감정을 느꼈다. 한편으로는 그가 믿음의 자녀들을 위해 계속해서 살아가는 것이 매우 절실한 일이고, 바울 또한 그들을 위해 봉사하기를 원한다. 그런가 하면 그는 세상을 떠나 그리스도와 함께 있기를 열망한다. 그래서 바울은 그것이 "훨씬 더 좋은 일이라."라고 덧붙인다. 사는 것이 그리스도니, 죽는 것도 유익하다는 것이다. 바울은 이 둘의 차이가 '좋은 것과 더 좋은 것', 혹은 '좋은 것과 가장 좋은 것'의 차이가 아니라 '좋은 것과 훨씬 더 좋은 것'의 차이라고 말한다. 가장 좋은 것은 여전히 천국 너머에 있다. 그것은 최종적인 완성, 곧 몸의 부활을 뜻한다. 하지만 우리가 죽음 직후에 맞이하는 상태라 할지라도 사도 바울은 그것이 세상에서 누리는 그 어떤 것보다 **훨씬** 더 좋은 것'이라고 평가한다. 만약 우리가 그 사실을 진정으로 믿는다면, 그것은 우리의 삶과 우리의 자신감, 그리고 우리 영혼의 건강에 어떤 영향을 미치게 될까?

몇 년 전에 나는 어떤 콘퍼런스에서 강연하기 위해 집을 떠날 채비를 하고 있었다. 모든 준비가 완료되었고 참석자들도 등록을 마친 상황이었다. 내가 임의로 그 콘퍼런스에 불참하는 것은 있을 수 없는 일이었다. 그런데 집을 나서기 전날 밤, 전화 한 통을 받았다. 존경하는 멘토인 존 거스트너(John Gerstner) 박사님이 피츠버그에서 여러 차례의 강연을 하던 중에 쓰러지셨고, 다시 회복할 가능성이 없다는 연락이었다. 나는 너무 놀라 몸서리쳤다. 거스트너 박사님은 전에도 한번 돌아가실 뻔한 일이 있어서 '언젠가는 주님께 가시겠구나.' 하고 생각했던 적이 있다. 그래서 내가 존경하는 멘토가 돌아가셨다는 연락을 받으면 어떤 기분이 들까 종종 생각해 보았다. 나는 영적인 고아가 된 기분이 들었고 의지할 데 없는 고독을 느꼈다. 마치 어린아이가 아버지를 잃어버린 것처럼 더 이상 내 삶에서 그분의 안정적인 영향력을 누릴 수 없을 것 같은 두려움에 휩싸였다.

내 영혼은 큰 근심에 빠졌지만, 그 상황에서조차 가장 먼저 떠오른 생각은 너무도 현실적인 것이었다. '만약 박사님이 이틀 안에 돌아가신다면 내 일정을 조정해서 장례식에 제때 참석할 수 있을까?' 그런 다음 나는 멘토 없이 살아가는 것이 내 삶과 영혼에 얼마나 큰 손실이 될지에 대해 생각해 보기 시작했다. 그러다가 마침내, 하나님의 은혜로 나는 비로소 이것이 그분께는 어떤 의미일지에 대해 생각하기 시작했다. '우와! 거스트너 박사께서 지금 하늘로 가시면 오늘 밤에는 루티와 칼빈, 그리고 아우구스티누스나 에드워즈 같은 분들과 함께 둘러앉아 신학에 관한 담소를 나누고 계시겠구나.' 또 이런 생각도 했다. '이야, 하늘 성소의 문지방을 넘어 그 안으로 들어가시면 얼마나 영광스러우실까?'

사실 박사님의 쉼 없이 샘솟는 에너지를 본다면 그 누구도 그분 앞에서 고개를 들지 못할 것이다. 나는 하루에 네 차례 정도 강의를 하고 나면, 완전히 녹초가 되어 그날은 더 이상 아무런 생산적인 일도 하지 못한다. 하지만 거스트너 박사님은 일흔다섯의 연세에 카메라 앞에서 열두 번의 연속 강의를 하시고도 "좀 더 할까요?"라고 말씀하신다. 내 입장에서만 보면 그분이 그리스도께로 가서 안식하는 것이 꼭 필요한 일이라고 볼 수는 없지만, 그분 자신에게는 훨씬 더 좋은 일이다.

우리는 바울에게 있었던 내적 갈등에 대한 답을 알고 있다. 그리스도께서 바울에게 이렇게 말씀하셨기 때문이다 "바울아, 아직은 아니다. 네가 해야 할 일이 더 남아 있다. 집으로 돌아올 날은 곧 다가올 것이다. 너를 위한 거처는 내가 마련해 두었다. 하지만 지금은 다시 사역의 자리로 돌아가 사람들을 위해 일하는 것이 네가 할 일이다."

한동안 바울은 구약의 신실한 백성들처럼 살아야만 했다. 히브리서 11장은 수많은 믿음의 영웅이 나열된, 참으로 위대한 장이다. 우리는 여기서 아브라함, 이삭, 야곱, 요셉 등 믿음의 사람들이 한 생생한 증언을 읽을 수 있다. 오래전 이 사람들은 하나님을 신뢰했다. 다음의 말씀을 읽어 보자.

> 이 사람들은 다 믿음을 따라 죽었으며 약속을 받지 못하였으되 그것들을 멀리서 보고 환영하며 또 땅에서는 외국인과 나그네임을 증언하였으니 그들이 이같이 말하는 것은 자기들이 본향 찾는 자임을 나타냄이라 그들이 나온바 본향을 생각하였더라면 돌아갈 기회가 있었으려니와 그들이 이제는 더 나은 본향을 사모하니 곧 하늘에 있는 것이라 이러므로 하나님이 그들의 하나님이라 일컬음 받으심을 부끄러워하지 아니하시고 그들을 위하여 한 성을 예비하셨느니라(히 11:13-16)

구약의 성도들은 무덤 너머를 바라보았다. 극심한 고난과 역경 중에 있었던 욥조차도 이렇게 선언했다. "그가 나를 죽이시리니 내가 희망이 없노라 … 내가 알기에는 나의 대속자가 살아 계시니 마침내 그가 땅 위에 서실 것이라"(욥 13:15; 19:25). 구약 시대 족장들은 그리스도의 부활에 관한 역사적 기록이나 예수님의 말씀을 (오늘날 우리가 하듯이) 읽거나 공부할 수 있는 유익을 누리지 못했다. 그들에게는 그저 막연하고 희미한 소망과 앞날에 대한 하나님의 약속만이 있었다.

하지만 바로 그 기초 위에서 그들은 고문과 박해, 증오와 고통, 그리고 상상할 수 없는 고난을 견뎌냈다. 그들은 더 나은 본향, 곧 하늘에 있는 나라를 사모했으며, 또한 하나님께서 지으신 한 성을 간절히 바랐기 때문이다. 이 땅을 떠나 하늘로 가는 것이 훨씬 더 좋은 일임을 그들은 잘 알고 있었던 것이다.

거스트너 박사님에 관한 전화를 받은 다음 날, 정반대의 소식이 들려왔다. 그분께서 깨어나셨고, 다행히 증상이 경미하다는 것이었다. 결국 이틀 뒤에 그분은 퇴원하여 집으로 돌아가셨다. 그리고 몇 주가 지난 뒤에는 다시 자신의 사역을 재개하셨다. 우리는 신약성경에서 사도 바울이 겪었던 것과 똑같은 그 유예기간을 목격하게 되었다. 안식에 들어가기 위해 거스트너 박사님은 조금 더 기다려야 했던 것이다.

인생이라는 이름의 눈물 골짜기에는 온갖 고뇌와 번민이 가득하다는 말을 듣게 된다. 나의 할머니께서 여든여덟 살이 되셨을 때 그분과 나눈 대화가 기억난다. 눈가에 촉촉한 눈물이 맺힌 채 할머니는 서글픈 얼굴로 나를 바라보시며 이렇게 말씀하셨다. "왜 하나님께서 나를 집으로 데려가지 않으시는지 모르겠구나. 집에 가고 싶단다." 쇠렌 키르케고르(Søren Kierkegaard)의 말처럼, 인간이 견뎌야 하는 최악의 고통 중의 하나는 죽고 싶은데 그렇게 하지 못하는 것이다. 우리는 스스로 자신의 생명을 끊을 수 없다.

그렇지만 고통에서 벗어나기 위해 죽고 싶어 하는 것과 그리스도의 얼굴을 보기 위해 장막 너머로 가고 싶어 하는 것은 전혀 다른 일이다. 이제 여러분은 그리스도인에게 죽음은 비극이 아니라 승리임을 비로소 깨닫게 되었는가? 그것은 문턱을 넘어 영광으로 들어서는 일이다.

04

흙에서 일어나

WHAT COMES AFTER THIS LIFE?

어찌 보면 천국이 어떻게 생겼냐고 묻는 것은 참 순진한 질문이다. 왜냐하면 세상의 어떤 순례자도 그 먼 미지의 나라에 갔다가 돌아와서 그곳이 어떤 모습인지 자기들이 본 바를 구체적으로 증언했던 적이 없기 때문이다. 서구의 대탐험 시대 초기에는 사람들이 배를 타고 나가 새로운 땅을 발견하고 돌아와서는 그 신세계에 대해 극찬을 아끼지 않는 보고서를 써내곤 했다.

하지만 햄릿이 말했듯이, 그 미지의 나라에서 돌아온 여행자는 아무도 없다. 그의 독백 전반부에서 햄릿은 삶과 죽음의 갈림길을 다음과 같이 묘사했다. "사느냐, 죽느냐, 그것이 문제로다. 가혹한 운명의 돌팔매와 화살을 참고 견디는 것과 … 혹은 맞서 싸우며 그것을 끝내는 것

중에 어느 쪽이 더 고귀한 일인가?" 그는 무엇을 고민하고 있었던 것일까? 그가 고민했던 것은 바로 자살이었다. "죽는 것은 자는 일이고, 자는 것은 어쩌면 꿈꾸는 일이다." 햄릿은 평온함이라는 긍정적 측면을 생각했지만, 그 후에는 그곳에 무엇이 기다리고 있을지 알 수 없다는 수수께끼 같은 측면과 죽으면 더 나쁜 곳으로 갈지 모른다는 가능성에 대해 언급했다.

사실은 그것이 바로 죽음을 통해 하나님의 거룩한 심판의 손아귀에 빠져들어 가는 이들의 모습이다. 셰익스피어는 그에 대해 이렇게 썼다. "양심 때문에 우리는 모두 겁쟁이가 된다. 또한 우리가 알지 못하는 어떤 것을 찾아 떠나느니 차라리 지금 우리에게 있는 불행을 감내하게 된다." 어떤 이들은 양심의 가책으로 인해 무덤을 두려워한다. 왜냐하면 그들은 죽음 이후에 더없는 기쁨의 장소로 가는지, 아니면 마지막 형벌의 장소로 가는지 모르기 때문이다.

우리는 천국이 어떤 모습을 하고 있는지 정확히 알 수 없다. 사람들은 이런 질문을 한다. "내가 부모님을 알아보게 될까? 내 아내를 알아볼 수 있을까? 우리가 서로를 알아볼 수 있을까? 천국에서 우리는 몇 살이 될까? 나이가 들면 허리가 굽을까? 아흔 살이 되어 죽으면 그 나이로 영원히 지속되는 걸까? 어린아이들은 어떻게 되는 걸까?" 천국의 모습을 상상하려고 하면 이런 질문들이 끊이지 않는다.

특히 마태복음 22장에는 한 여인의 일곱 남편 중에 부활하면 누가 그녀의 남편이 되는지에 관한 질문이 나오는데, 사람들은 그 질문에 대해 예수님께서 하신 대답의 의미를 알고 싶어 한다. 예수님은 천국에서는 우리가 장가도 가지 않고 시집도 가지 않으며, 오히려 천사들과 같이 될 것이라고 대답하셨다(마 22:23-33 참고). 그런데 이 말씀으로 인해 온갖 억측이 난무하게 되었다. 어떤 이들은 '천사들에게는 성별이 없기 때문에 우리가 부활할 때 성별이 없는 존재가 될 것'이라고 주장한다.

하지만 성경에는 천사들에게 성별이 없다는 말이 없다. 또한 부활할 때 우리의 성별이 사라질 것이라는 말은 더더욱 없다. 예수님은 그저 장가가고 시집가는 일이 없을 것이라는 말씀을 하셨을 뿐이다. 이는 자신의 배우자와 영원히 부부관계로 남기를 원하는 사람들에게는 아쉬운 말씀이다. 하지만 예수님의 이 말씀이 죽음으로 인해 남편과 아내의 친밀함이 끝나고 그들의 관계도 사라질 것이라는 의미일까? 그것은 알 수 없다. 그분께서 하신 말씀은 그저 "장가도 아니 가고 시집도 아니 가고"(30절)라는 것뿐이다.

이와 같은 문구가 성경에서 한 번 더 쓰인 적이 있다. 노아 시대에 이 땅에 악이 가득 차서 정점에 달했던 모습을 묘사할 때다. 당시에 사람들은 자기 소견에 옳은 대로 행했고 세상에는 폭력이 넘쳐났는데, 성경은 그것을 그들이 "장가들고 시집가고"(마 24:38)라는 말로 표현했다. 이것은 마지막 날 그리스도께서 오실 때가 노아 시대와 같을 것이라는 의미일 수 있다.

이 구절을 이해하는 방법에는 몇 가지가 있다. 그중의 하나는 사람들이 우리가 알고 있는 일상적인 삶의 활동들, 즉 장가들고 시집가며 평범하게 살고 있을 때 하나님의 심판이 갑작스럽게 임한다는 의미일 수 있다. 아마도 예수님께서 뜻하신 바는 그분의 오심이 이처럼 갑작스러우리라는 의미일 것이다.

그런데 마태복음 24장 38절을 이해하는 다른 이론 중에는, 내가 확실히 증명할 수는 없지만, 굉장히 그럴듯하고 흥미로운 것이 또 하나 있다. 그것은 "장가들고 시집가고"라는 문구가 혼인의 영속성을 부인하는 타락한 문화

속에서 혼인의 신성함을 가볍게 보는 유대의 관용적 표현이라는 견해다. 즉, 사람들이 결혼했다가 금세 이혼하고, 또 결혼하고, 다시 결혼하기를 반복했다는 말이다. 이는 노아 시대의 퇴폐적 삶을 특징짓는 모습으로, 결국 하나님께서 세상에 홍수를 보내신 원인이 되었다. 부활 때에 누가 그 여성의 남편이 되겠느냐는(마 22:28 참고) 질문에 대한 예수님의 대답은 본질적으로 다음과 같은 의미다. "부활 때에는 그런 것이 문제가 되지 않는다. 왜냐하면 장가들고 시집가고 하는 피상적인 일들이 계속되지는 않을 것이기 때문이다."

또 다른 가능성도 있다. 즉, 예수님께서 부활 때에는 더 이상 우리가 아는 모습의 결혼이 존재하지 않을 것이라고 말씀하셨다는 해석이다. 그렇다면 하나님께서 세상에 사는 우리에게 주신 그 친밀한 관계로부터 누리는 기쁨이 끝날 것이라는 의미인지 궁금해진다. 이와 관련하여 나는 순전히 이렇게 추측해 본다. 부활 때에는 우리가 너무도 거룩해져서 천국에서 함께 살아가는 모든 사람과 깊고 친밀한 인격적 관계를 누릴 수 있게 되어 그것이 이 땅에서 맺었던 그 어떤 기쁘고 내밀한 인간관계의 친밀함과 기쁨을 초월하게 된다면 어떨까 하는 것이다. 부활 후에는 내가 지금 나의 아내와 누리는 가깝고, 솔직하고, 따뜻한 이 관계를 다른 사람들과 똑같이 누릴 수 있을 것이라는 생각이 결코 무리는 아니라고 본다. 사실 죄가 사라진다면, 나는 현재는 일면식도 없는 사람들과도 더욱더 깊은 인격적 관계를 맺게 될 것이고, 그 관계는 지금 내가 이 세상에서 누리는 그 어떤 관계보다도 친밀한 관계가 될 것이다. 왜냐하면 인간이 영화롭게 되면 죄로 인해 깊은 인격적 관계를 가로막고 있던 모든 장벽이 무너져 내릴 것이기 때문이다. 어쩌면 부활 때에는 장가가고 시집가는 일이 없을 것이라는 말씀을 통해 예수님은 이와 같은 비밀을 알려 주셨던 것인지도 모르겠다.

예수님께 부활 때의 혼인 관계에 대해 물었던 사두개인들은 부활을 믿지 않았다. 그들은 단지 예수님을 덫에 걸리게 하려던 것뿐이었다(마 22:23 참고). 마찬가지로 오늘날에도 부활을 믿지 않는 사람도 많다. 심지어 어떤 이들은 부활을 받아들이지 않는 잘못된 기독교 신앙을 끝내 놓지 않으려고도 한다.

대학 시절에 함께 방을 쓰다가 사역의 길에 들어선 친구가 하나 있는데, 그가 목사고시를 치던 날이 기억난다. 그는 노회에 가서 교리 시험을 치르기로 되어 있었다. 그 친구는 나를 바라보며 초조한 모습으로 물었다. "그리스도의 부활을 믿는다고 해야 할까, 아니면 안 믿는다고 해야 할까?" 나는 그가 도대체 무슨 말을 하는 건지 몰랐다. 그는 다시 물었다. "노회 앞에서 그리스도가 죽은 자들 가운데서 다시 살아난 것을 믿는다고 해야 하나 어쩌나?" 나는 되물었다. "넌 무엇을 믿는데?" 그는 말했다. "나는 그분이 부활했다고 믿지 않아."

나는 그가 믿는 바대로 말하는 것이 도덕적으로 올바른 일이라고 말했다. "만약 네가 그리스도의 부활을 믿지 않는다면, 노회 앞에서 그것을 숨겨서는 안 돼." 하지만 그는 그것을 숨겼고, 목사 안수를 받았다. 얄궂게도 몇 년 뒤 나는 같은 노회에서 2백 명의 목사들 앞에 서서 시험을 치렀는데, 그때 주 심사위원이 바로 그 친구였다. 그는 내 눈을 바라보며 내가 부활을 믿는지 질문해야 했는데, 행여 내가 "네, 믿습니다. 목사님은 믿으시나요?"라고 물을까 봐 두려워하는 기색이 역력했다. 하지만 나는 거기서 그를 시험에 빠뜨릴 생각이 없었다.

우리는 사도신경에서 가장 중요한 구절 중의 하나가 "몸이 다시 사는 것 … 을 믿사옵나이다."라는 사실을 기억할 것이다. 여기서 이 증언은 **그리스도**의 부활에 대한 진술이 아니다. 물론 사도들은 그리스도의 부활을 믿었다. 하지만 사도신경의 이 진술은 그리스도의 몸이 부활하는 것을 언급하는 것이 아니라, 바로 **우리가** 그리스도의 육체적인 부활에 참여하게 되리라는 확신을 보여 준다. 즉, 우리의 몸이 죽은 자들 가운데서 살아나 완전해질 것이고, 우리의 영혼과 다시 결합할 것을 믿는다는 말이다. 그것이 바로 "몸이 다시 사는 것 … 을 믿사옵나이다."라는 고백의 의미다.

우리는 이 문제를 골똘히 생각하다 별의별 질문을 하기도 한다. 하지만 우리만 그런 질문을 하는 것은 아니다. 고린도 교회에 보낸 편지에서 바울은 천국의 개념을 그리스도의 부활과 관련하여 설명하는 데 많은 시간을 할애했다. 바울은 고린도전서 15장에서 예수님의 부활에 대한 역사적 사실을 탁월한 방식으로 수호해 내며, 아울러 그분의 부활이 기독교의 핵심이자 기독교 신앙의 본질임을 증명한다.

바울이 제시한 논리 전개는 "만약 부활이 없다면, 거기서부터 온갖 일들이 뒤따라 일어나게 된다."라는 것이다 (13-19절 참고). 그리스도의 부활에 관한 진리를 변호한 뒤 바울은 또 다른 질문을 하나 가져와 이에 답한다. "누가

묻기를 죽은 자들이 어떻게 다시 살아나며 어떠한 몸으로 오느냐 하리니"(35절).

이 질문을 제기한 다음 바울은 다음과 같이 외친다. "어리석은 자여 네가 뿌리는 씨가 죽지 않으면 살아나지 못하겠고"(36절). 이 구절은 플라톤과 소크라테스가 자연에서 가져온 비유를 거의 글자 그대로 차용한 것이다. 사람이 씨를 가져다가 땅에 심고, 거기에 물을 주고 햇볕을 쬔다. 왜 그렇게 할까? 생명이 싹트는 것을 보고자 하기 때문이다. 그 씨앗에서 꽃이나 채소, 혹은 풀이 자라나기를 원하기 때문이다. 새로운 생명이 터져 나오기를 바라는 마음으로 물을 주는 것이다. 왜 물인가? 물이 씨앗에 생명을 부여하기 때문인가? 아니다. 그러면 물은 어떤 역할을 하는가? 물은 씨앗을 죽인다. 물로 인해 씨앗이 썩는 것이다. 씨앗이 발아하려면 말 그대로 썩어서 죽어야 하기 때문이다. 이는 마치 애벌레가 나비로 바뀌는 변태 과정과 같다. 처음 것은 사라지고 다른 것으로 바뀌는 것이다.

그것이 바로 바울이 다음 절에서 말하고자 하는 바다. "네가 뿌리는 씨가 죽지 않으면 살아나지 못하겠고 또 네가 뿌리는 것은 장래의 형체를 뿌리는 것이 아니요 다만 밀이나 다른 것의 알맹이뿐이로되"(36-37절). 풀이 자라길

원한다고 흙에다 그 풀을 직접 뿌리지 않는다. 풀의 **씨앗**을 흙에 뿌린다. 꽃을 원하는 사람은 꽃송이를 따다가 땅에 뿌리고 물을 주지 않는다. 꽃에서 씨를 취해 땅에 심은 뒤 거기에 물을 주어야 한다. 바울은 이 원리에 대해 그것은 "알맹이뿐이로되 하나님이 그 뜻대로 그에게 형체를 주시되 각 종자에게 그 형체를 주시느니라"(37-38절)라고 부연한다.

내가 어렸을 때 어머니께서 내게 텃밭을 만들어 보라고 하셨다. 우리는 약간의 꽃씨와 채소씨를 주문했다. 어머니는 그 씨앗들을 일렬로 심는 방법과 나중에 크게 자란 식물들이 잘 펼쳐지도록 씨앗과 씨앗 사이에 공간을 띄우는 방법 등을 가르쳐 주셨다. 씨앗을 다 심은 후에는 그 씨앗이 들어 있던 포장지와 작은 막대기를 이용해 각 식물의 이름표를 만들었다. 그리고는 그 이름표들을 각각의 씨앗을 심어둔 곳 앞에 꽂아 놨다. 왜 그렇게 했을까? 식물이 자라기 전에 어디에 어떤 식물을 심었는지 알기 위해서였다. 나중에 알게 된 사실이지만, 나는 막대기에 씨앗 포장지를 붙이는 일에는 소질이 있었으나, 꽃을 키우는 일에는 별 재능이 없었다.

바울은 생명의 기본적인 사실들을 지적하고 있다. 세상

에는 서로 다른 생물, 곡물, 꽃, 그리고 채소 등과 같이 온갖 종류의 서로 다른 형체들이 존재한다. 그것들은 다 다른 씨앗에서 자라나고, 다른 씨앗은 다른 형체를 만들어 낸다. 이에 대해 바울은 다음과 같이 말한다. "육체는 다 같은 육체가 아니니 하나는 사람의 육체요 하나는 짐승의 육체요 하나는 새의 육체요 하나는 물고기의 육체라 하늘에 속한 형체도 있고 땅에 속한 형체도 있으나 하늘에 속한 것의 영광이 따로 있고 땅에 속한 것의 영광이 따로 있으니 해의 영광이 다르고 달의 영광이 다르며 별의 영광도 다른데 별과 별의 영광이 다르도다 죽은 자의 부활도 그와 같으니"(39-42절).

사도 바울이 한 말은 이런 뜻이다. "눈을 떠서 너희 주변에 실재하는 것들이 얼마나 다양한 모습을 하고 있는지 보아라. 별과 달과 나무와 산, 그리고 풀과 폭포 등 이 우주 안에 존재하는 모든 것은 다 다른 크기와 모양, 형태와 구조를 가지고 있다. 그저 동물의 왕국만 보아도 무수히 많고 다양한 종류의 생명체들이 살아가고 있음을 보게 될 것이다."

여러분은 살면서 세상에 존재하는 모든 종류의 생명과 형체를 경험해 보았다고 생각하는가? 판타지 소설이나 공상과학영화 등을 보면 작가들의 독창적인 상상력 덕분에 온갖 종류의 로봇이나 생명체 혹은 외계인들이 등장하는데, 다 다른 형태의 생명과 형체를 지니고 있는 것을 볼 수 있다.

그런데 바울은 이렇게 말한다. "세상에 그 누구도 아직 보지 못한 형체가 있다." 부활하신 그리스도는 무덤에 들어가실 때와 똑같은 몸으로 그 무덤에서 나오셨다. 부활하신 그분의 몸과 무덤에 묻혔던 몸 사이에는 연속성이 있다는 것이다. 그러나 거기에는 불연속성도 있다. 왜냐하면 그것이 변화되었기 때문이다. 이제 그분의 몸은 영화로운 몸이 되었다. 바울은 지금 우리를 위해 완전히 새로운 차원의 생명과 육체가 준비되고 있음을 지적하는 것이다.

그는 말한다. "죽은 자의 부활도 그와 같으니 썩을 것으로 심고 썩지 아니할 것으로 다시 살아나며"(42절). 지금 나의 몸은 늙고, 약하며, 쇠락하고 있다. 힘과 활력을 잃어가는 것이다. 말 그대로 육체는 썩어가고 있다. 나는 새로운 육체를 갈망한다. 우리가 얻게 될 새로운 육체는 썩지 않을 것이며 무너져 내리지 않을 것이다. 늙지도 쇠락하지도 않고, 닳지도 부패하지도 않으며, 다치거나 병에 걸리지도 않을 것이다.

> 욕된 것으로 심고 영광스러운 것으로 다시 살아나며 약한 것으로 심고 강한 것으로 다시 살아나며 육의 몸으로 심고 신령한 몸으로 다시 살아나나니 육의 몸이 있은즉 또 영의 몸도 있느니라 기록된바 첫 사람 아담은 생령이 되었다 함과 같이 마지막 아담은 살려 주는 영이 되었나니 그러나 먼저는 신령한 사람이 아니요 육의 사람이요 그다음에 신령한 사람이니라 첫 사람은 땅에서 났으니 흙에 속한 자이거니와 둘째 사람은 하늘에서 나셨느니라 무릇 흙에 속한 자들은 저 흙에 속한 자와 같고 무릇 하늘에 속한 자들은 저 하늘에 속한 이와 같으니(고전 15:43-48)

바울은 다음과 같이 결론짓는다. "우리가 흙에 속한 자의 형상을 입은 것같이 또한 하늘에 속한 이의 형상을 입으리라"(49절). 우리는 그리스도의 몸과 똑같은 몸을 입게 될 것이다.

앞서 우리는 이런 질문을 했다. "부활 때에 우리는 그곳에 있는 사람들을 알아볼 수 있을까?" 물론 그들의 외모는 분명히 달라져 있을 것이다. 우리는 대개 외모에 의존하여 사람을 인식하는 데 익숙하다. 사람의 어떤 특성을 알아보는 총체적인 인지의 개념은 놀라울 정도로 신기한 것이다.

나는 유화를 그리는 일에 관심이 있다. 아직은 초보 단계지만, 한번은 마틴 루터의 초상화를 그리는 일을 맡은 적이 있었다. 그 작업은 여러 단계로 나눠서 해야만 했는데, 첫 번째 단계는 구체적인 작업에 들어가기 전에 머리 부분의 비율을 정하고 귀와 코를 일직선상에 정렬하는 등 아주 대략적인 윤곽을 그리는 것이었다.

어느 날 밤, 초상화의 기본적인 비율을 대충 잡아놓은 뒤 물감들을 정리했다. 그러면서 한 10미터 정도 떨어져서 그 그림을 쳐다보다가 이렇게 소리쳤다. "베스타, 이것 좀 봐요!" 아내가 물었다. "뭔데요?" 나는 대답했다. "만약 내가 이 방에 들어와서 다른 사람이 저 초상화를 그리고 있는 모습을 봤다면, 대충 그린 미완성의 상태인데도 단박에 저것이 마틴 루터의 초상화라는 것을 알아봤을 거요." 이 말은 나의 예술적 재능을 공치사하려는 것이 아니다. 마틴 루터의 얼굴을 따라 그린 정교한 복제품과는 현격한 차이가 있는 지극히 불완전한 그림이었을지라도,

이미 캔버스에는 그것을 알 수 있는 무언가가 그려져 있었다는 사실이다. 나는 그 무언가를 알아볼 수 있었고, 그래서 "저건 루터네."라고 말할 수 있었던 것이다.

무덤에서 나오신 예수님의 몸은 이전과는 달랐다. 너무도 달라서 사람들은 한 번에 그분을 알아보지 못했다. 하지만 다시 한번 쳐다보았을 때는 그분이 예수님이심을 알아볼 때도 있었다. 마찬가지로 부활 때에 먼저 세상을 떠났던 친구나 친척들을 본다면 그들의 모습은 이 땅에 있을 때와는 다를 것이다. 그러나 여러분은 그들을 알아볼 것이고, 그들도 물론 여러분을 알아볼 것이다. 그것은 조금도 걱정할 필요가 없는 일이다.

05

눈물은
이제 그만

WHAT COMES AFTER THIS LIFE?

  그리스도인들은 천국이 해의 동편과 달의 서편 어딘가 저 먼 곳에 있는 다분히 영적인 천상계의 장소일 것으로 생각하는 일이 많다. 이는 지금 이 세상은 완전히 소멸되고, 우리는 하늘 위로 들려 올라간 어떤 곳에서 살게 되리라는 기대감에서 비롯된다. 하지만 신약성경에는 마지막 날에 이 세상이 극단적으로 파괴될 것이라는 가르침이 없다. 오히려 신약성경은 이 타락한 세상의 개벽을 내다본다. 예를 들어, 바울은 로마서에서 피조물이 다 탄식하며 함께 고통을 겪고 있고, 하나님의 아들들이 나타나기를 고대하고 있다고 말한다(롬 8:22-23 참고). 하나님의 나라가 완성될 때, 곧 그리스도께서 종말론적인 최종 승리를 이루실 때, 이 세상은 근본적인 정화의 과정을 거치는 것이지 멸망하는 것이 아니다.

즉, 세상이 새롭게 되는 것이다. 그렇게 이 땅이 변하고 나면 비로소 천국이 여기에 임할 것이다. 이 아름다운 광경이 요한계시록의 마지막 두 장에 나타나 있다. 거기에는 요한이 본 환상이 기록되어 있는데, 곧 새 하늘과 새 땅이 있고, 하늘의 거룩한 성 새 예루살렘이 하늘에서 이 땅으로 내려온다.

성경 전체에서 천국이 어떤 곳인지에 대해 가장 생생하고 시각적인 묘사를 보여 주는 부분은 요한계시록의 증언이다. 이 책은 전형적인 묵시 문헌의 하나로 수많은 형상과 상징을 사용하기 때문에, 황금으로 뒤덮인 거리와 진주로 만든 성문 등과 같은 묘사를 듣고 있으면 도무지 실감이 나지 않는다. 하지만 이 형상과 상징들은 모두 그 자체의 의미를 넘어 보다 심오한 실체를 가리키는 것들이다.

요한은 이렇게 쓰고 있다. "또 내가 새 하늘과 새 땅을 보니 처음 하늘과 처음 땅이 없어졌고 바다도 다시 있지 않더라"(계 21:1). 새 하늘과 새 땅에 대한 첫 번째 묘사가 부정적인 내용이라는 점은 충격적이다. 즉, 무언가가 존재하지 않는다고 말하는데, 여기서는 바다의 존재를 언급한다. 그렇다. 바다가 없다. 어쩌면 이 말은 해변과 그곳의 모래를 사랑하는 어떤 이들에게는 굉장히 실망스럽게 다가올 수도 있다. 바다가 없는 새 하늘과 새 땅은 마치 불 꺼진 축제처럼 느껴질 수도 있는 것이다.

하지만 유대인이 이 묘사를 들으면 그러한 상징에 담긴 중요한 의미를 알아챘을 것이다. 히브리어 시에서는 바다가 파멸의 상징으로 쓰인다. 유대인들의 역사에서 바다는 친근한 존재가 아니었기 때문이다. 이스라엘은 상업적인 해상 무역을 발달시킨 적이 한 번도 없었다. 오히려 바다는 약탈자들의 침입이 시작되는 장소였다. 최대의 난적이었던 블레셋은 해변 지역을 다스렸다. 이곳의 해변 지역은 바위가 많고 불안정하여 위험한 곳이었으며, 무서운 태풍이 지중해를 지나 불어옴으로써 내륙의 호수들을 뒤흔들거나 시로코*의 뜨거운 바람을 몰고 오기도 했다. 이 모든 것이 바다에서부터 시작되었고, 그래서 바다는 파멸의 화신으로 인식되었다. 시편 46편에서는 바다가 솟구쳐 올라 문제를 일으키고, 산에 부딪혀 그 산을 흔들기도 한다.

히브리어 시에서 긍정적인 형상을 표현하는 대상은 강

---

* 시로코는 아프리카 사하라 사막에서 발생한 뜨겁고 건조한 열대 공기가 지중해를 가로질러 남유럽까지 미치는 바람을 의미한다. 주로 봄과 가을에 많이 발생하지만, 연중 어느 때나 나타날 수 있다. 이 바람은 북아프리카에는 먼지와 건조한 날씨를, 지중해에는 폭풍우를, 그리고 남유럽에는 따뜻하고 습한 날씨를 초래하기도 한다-역주.

이나 샘이다. 예를 들어, 요단강은 메마른 사막 한가운데를 리본처럼 가로지르며 생명과 양분을 공급하는 원천이다. 또 앞으로 보게 될 것처럼, 새 예루살렘에는 생명의 강이 그 성의 중심부를 따라 흘러내린다. 결국, 바다는 볼 수 없지만 강은 볼 수 있다. 이는 곧 파멸과 위험은 사라지고 생명이 자리함을 상징하는 것이다.

사도 요한은 계속해서 다음과 같이 쓰고 있다. "또 내가 보매 거룩한 성 새 예루살렘이 하나님께로부터 하늘에서 내려오니 그 준비한 것이 신부가 남편을 위하여 단장한 것 같더라 내가 들으니 보좌에서 큰 음성이 나서 이르되 보라 하나님의 장막이 사람들과 함께 있으매 하나님이 그들과 함께 계시리니 그들은 하나님의 백성이 되고 하나님은 친히 그들과 함께 계셔서"(계 21:2-3). 여기서 "장막"으로 번역된 헬라어 단어는 "성막"으로 번역하기도 하며, 이는 구약의 형상에서 가져온 것이다. 즉, 하나님께서 그분의 백성 가운데 거하심을 이스라엘 열두 지파의 진영 가운데 세웠던 성막을 통해 나타낸 것이다. 이 열두 지파는 거의 시계 방향으로 진을 치고 자리했는데, 그들의 한 가운데에 성막을 세움으로써 하나님께서 그분의 백성 가운데 계심을 나타냈다.

요한은 자신이 쓴 복음서의 도입부에서 "말씀이 육신이 되어 우리 가운데 거하시매 … 은혜와 진리가 충만하더라"(요 1:14)라고 선언한다. "우리 가운데 거하시매"라는 번역은 원문의 실제 표현을 다소 의역한 것이다. 원문을 직역하면 "말씀이 육신이 되어 우리 가운데 **성막이 되셨다.**" 혹은 "우리 가운데 그분의 장막을 치셨다."라는 의미다. 이는 과거 구약 시대에 하나님께서 성막에 상징적으로 임재하시는 모습을 나타낸 것이다.

요한은 이 새 예루살렘이 하늘에서 내려오는 것을 본다. 그리고 하늘에서부터 커다란 음성이 울려 다음과 같이 선포하는 것을 듣는다. "보라 하나님의 장막이 사람들과 함께 있으매 하나님이 그들과 함께 계시리니 그들은 하나님의 백성이 되고 하나님은 친히 그들과 함께 계셔서"(계 21:3). 이 환상은 우리에게 무엇을 말해 주는가? 하나님께서 친히 그분의 백성과 함께하신다는 것이다. 하나님께서 그분의 백성 안으로 오실 것이다. 하나님께서 임재하실 때 비치는 그 광채에 흠뻑 젖는 것보다 더 영광스러운 일은 없다.

다음 절은 이렇게 말씀한다. "모든 눈물을 그 눈에서 닦아 주시니 다시는 사망이 없고 애통하는 것이나 곡하는 것이나 아픈 것이 다시 있지 아니하리니 처음 것들이 다 지나갔음이러라"(계 21:4).

나는 어렸을 때 가끔 괴롭힘을 당하곤 했다. 우리 동네에 어떤 골목대장 같은 남자애가 하나 있었는데, 다른 애들보다 덩치가 월등히 크고 심술궂은 아이였다. 하루는 나에게 욕을 하며 놀려대기 시작했다. 나는 기분이 상해서 울며 집으로 돌아왔다. 현관문을 열고 들어오니 어머니가 부엌에 서 계셨다. 어머니는 앞치마를 두른 채 음식을 하고 계셨다. 내가 울면서 들어가니 어머니는 수저를 떨어뜨리시고 내게 달려와 나를 끌어안으며 물으셨다. "무슨 일이니?" 나는 훌쩍이며 어떤 아이가 나를 놀렸다고 말했고, 어머니는 다정하게 내 말을 들어 주셨다. 그러고는 나를 위로해 주시며 앞치마 끝자락으로 내 눈물을 닦아 주셨다.

꽤 오래전에 나는 보스턴의 한 병원에 입원해 있는 친구를 보러 갔다. 그 친구에게는 남은 시간이 얼마 없었고, 나는 그의 병상 곁에 서서 어쩔 줄 몰라 했던 기억이 난다. 내가 그를 위해 해줄 수 있었던 일이라고는 바짝 마른 그의 입술에 작은 얼음 조각을 가져다 대주는 일뿐이었다. 한번은 내가 그렇게 얼음을 대주고 있는데 친구가 나를 쳐다보았다. 그는 너무도 수척해서 말할 힘조차 없었다. 눈물 한 방울이 그의 눈에 맺혔고, 나는 침대 옆에 있던 작은 수건으로 그 눈물을 닦아 주었다. 이렇게 누군가의 눈물을 닦아 주는 일 같은 섬김이 일어날 때 한 인간과 또 다른 인간 사이에 이루어지는 교감은 말로 설명하기가 참 어렵다.

어머니께서 내 눈물을 닦아 주셨을 때 나는 커다란 위로와 위안을 느꼈다. 눈물은 멈췄고, 마음의 평온을 되찾았다. 하지만 그거 아는가? 그 후로도 몇 년간 나는 울고 또 울었다. 그러나 요한은, 하나님께서 그분의 백성에게 인격적으로 찾아와 그들의 눈물을 닦아 주시면, 고통과 슬픔 혹은 근심과 불행의 눈물은 더 이상 흘리지 않게 될 것이라고 말한다. 천국에서는 그러한 일들이 영원히 멈출 것이라고 말한다.

왜냐하면 거기에는 더 이상 사망이 없을 것이기 때문이다. 더 이상의 고통도, 더 이상의 슬픔도 없을 것이다. 우리를 울게 했던 그 모든 것은 다 사라질 것이다. 사실, 천국이 어떤 곳인지에 대한 묘사 중에 가장 놀라운 한 가지는 천국에 없는 것들에 대해 거듭해서 강조하고 있다는 점이다. 천국에는 바다가 없다. 사망도 없다. 눈물도 없다. 질병도 없다. 고통도 없다. 그리고 죄도 없다. 여기서 끝이 아니다. 무엇보다도 이 모든 것 중에서 가장 먼저 선포된 것이 기본적으로 고난의 종식이라는 사실은 참으로 흥미로운 점이다.

또 내게 말씀하시되 이루었도다 나는 알파와 오메가요 처음과 마지막이라 내가 생명수 샘물을 목마른 자에게 값없이 주리니 이기는 자는 이것들을 상속으로 받으리라 나는 그의 하나님이 되고 그는 내 아들이 되리라 그러나 두려워하는 자들과 믿지 아니하는 자들과 흉악한 자들과 살인자들과 음행하는 자들과 점술가들과 우상 숭배자들과 거짓말하는 모든 자들은 불과 유황으로 타는 못에 던져지리니 이것이 둘째 사망이라 일곱 대접을 가지고 마지막 일곱 재앙을 담은 일곱 천사 중 하나가 나아와서 내게 말하여 이르되 이리 오라 내가 신부 곧 어린 양의 아내를 네게 보이리라 하고 성령으로 나를 데리고 크고 높은 산으로 올라가 하나님께로부터 하늘에서 내려오는 거룩한 성 예루살렘을 보이니 하나님의 영광이 있어 그 성의 빛이 지극히 귀한 보석 같고 벽옥과 수정같이 맑더라 크고 높은 성곽이 있고 열두 문이 있는데 문에 열두 천사가 있고 그 문들 위에 이름을 썼으니 이스라엘 자손 열두 지파의 이름들이라 동쪽에 세 문, 북쪽에 세 문, 남쪽에 세 문, 서쪽에 세 문이니 그 성의 성곽에는 열두 기초석이 있고 그 위에는 어린 양의 열두 사도의 열두 이름이 있더라(계 21:6-14)

위 본문의 묘사는 계속 몇 가지 사항에 주목한다. 첫째, 새 예루살렘은 하늘에서 내려오는 성이고, 그 규격은 완벽한 정방형이다. 이것은 무엇을 떠오르게 하는가? 이 모양은 이 땅에 세워졌던 완벽한 정방형의 지성소를 재현한 것이다. 계시록에서 또한 성의 기초와 성곽, 그리고 12라는 숫자를 뚜렷하게 제시한다. 그 성에는 14만 4천 명이 사는데, 이는 12라는 숫자를 두 번 곱한 뒤에 다시 최상의 상태를 의미하는 1,000을 곱한 것이다. 이것은 충만함을 나타내는 완전한 숫자다. 12라는 숫자를 두 번 곱한 것은 그 성에서 기념하게 될 이스라엘의 열두 지파와 새 예루살렘의 기초를 이루고 있는 그리스도의 열두 제자의 수를 나타낸다. 이 성은 하나님께서 만들고 지으신 하나님의 성이며, 또한 구약의 선지자들과 신약의 사도들이라는 기초 위에 그리스도를 모퉁잇돌로 하여 세우신 성이라는 사실을 기억하라.

"그 열두 문은 열두 진주니 각 문마다 한 개의 진주로 되어 있고 성의 길은 맑은 유리 같은 정금이더라"(21절). 화려한 보석들이 그 성을 장식하고(18-20절 참고), 열두 개의 문은 열두 진주로 되어 있다. 문 하나가 한 개의 진주인 것이다. 한번 상상해 보라. 진주로 된 문들이 있다. 문 하나하나가 찬란하고 웅장한 하나의 진주다. 그 성을 가득 채운 아름다운 빛이 이 진주에 닿아 반짝이고, 또한 그 성을 장식한 온갖 보석들에 반사되어 비친다. 나아가 이 성의 길은 투명한 금으로 만들어졌다. 우리는 금이 투명하다고는 생각하지 않는다. 왜냐하면 금이 투명해지려면 그것을 종잇장같이 얇게 밀어서 비치게 만들어야 하기 때문이다.

천국에 없는 것들에 관한 진술은 여기서 그치지 않는다. "성 안에서 내가 성전을 보지 못하였으니"(22절). 성전을 보리라고 기대할 만한 곳이 있다면 그곳은 천국일 것이다. 그러나 요한은 그곳에 사망과 눈물과 슬픔과 질병과 바다가 없을 뿐만 아니라 성전도 없을 것이라고 말해 준다. 천국에는 성전이 있을 필요가 없다. 성전은 하나님께서 그분의 백성과 함께하심을 나타내는 상징물이기 때문이다. 하늘에서는 하나님께서 실제로 그분의 백성과 함께하시므로 땅의 표상은 더 이상 필요가 없게 될 것이다.

"이는 주 하나님 곧 전능하신 이와 및 어린 양이 그 성전이심이라 그 성은 해나 달의 비침이 쓸 데 없으니 이는 하나님의 영광이 비치고 어린 양이 그 등불이 되심이라"(22-23절). 여기에 또 하나의 놀라운 묘사가 등장한다. 설사 천국에 해가 있었더라도 우리는 절대 그것을 볼 수 없었을 것이다. 왜냐하면 하나님의 영광에서 뿜어져 나오는 빛은 태양과 같은 피조물과는 비교도 할 수 없을 정도로 훨씬 더 빛나고 눈부신 것이기 때문이다. 따라서 그 강렬하고 찬란한 영광의 빛으로 인해 햇빛 따위는 쉽게 가려져 버렸을 것이다. 즉, 해나 달이 없는 이유는 그것이 필요 없기 때문이다. 이 성을 밝히는 빛은 하나님과 그리스도의 영광으로부터 나오는 것이다.

그리고 22장에는 다음과 같은 그림이 나타난다.

또 그가 수정같이 맑은 생명수의 강을 내게 보이니
하나님과 및 어린 양의 보좌로부터 나와서 길 가운데
로 흐르더라 강 좌우에 생명나무가 있어 열두 가지

열매를 맺되 달마다 그 열매를 맺고 그 나무 잎사귀들은 만국을 치료하기 위하여 있더라 다시 저주가 없으며 하나님과 그 어린 양의 보좌가 그 가운데에 있으리니 그의 종들이 그를 섬기며 그의 얼굴을 볼 터이요 그의 이름도 그들의 이마에 있으리라 다시 밤이 없겠고 등불과 햇빛이 쓸 데 없으니 이는 주 하나님이 그들에게 비치심이라 그들이 세세토록 왕 노릇 하리로다(계 22:1-5)

새 예루살렘에는 또 무엇이 없는가? 하나님의 저주가 없다. 하나님의 진노와 심판이 없는 것이다. 또한, 그 저주의 상징인 어둠이 사라지고, 오히려 하나님의 얼굴을 가리거나 감춤 없이 직접 보게 되는 지복직관(至福直觀)**의 궁극적인 기쁨이 있게 될 것이다. 거기서 우리는 하나님의 얼굴을 가리지 않고 직접 바라볼 것이다. 이는 그분께서 당신의 모습을 있는 그대로 우리에게 드러내 보이실

** 이 개념은 고린도후서 3장 18절, "우리가 다 수건을 벗은 얼굴로 거울을 보는 것 같이 주의 영광을 보매 그와 같은 형상으로 변화하여 영광에서 영광에 이르니 곧 주의 영으로 말미암음이니라."라는 말씀에 근거하고 있다. 즉, 모세의 율법과 그리스도의 복음을 비교하는 과정에서 율법의 영광은 곧 사라질 것을 알았기에 모세는 자신의 얼굴을 수건으로 가렸던 반면, 복음의 영광은 그리스도를 통해 영원히 빛날 것을 강조한 내용이다. 따라서 사도 요한은 이러한 최고의 복(지복, 至福)을 아무런 가림막 없이 직접 보게 되는(직관, 直觀) 일이 부활 이후 천국에서 최종적으로 이루어질 것을 증언하고 있다-역주.

것이기 때문이다.

    나는 여러분이 시간을 내서 요한계시록 21장과 22장 전체를 읽어 보았으면 좋겠다. 그리고 그것을 다름 아닌 천국에서 여러분에게 보내온 편지라고 생각해 보길 바란다. 여러분이 참으로 그리스도 안에 있다면, 그분께서 여러분이 거할 처소를 마련하시기 위해 이 천국에 가신다고 약속하셨고, 이제 거기서 이 편지를 보내셔서 그곳이 어떤 모습인지 여러분에게 묘사해 주시는 것이다. 우리는 이 새 하늘과 새 땅의 모습, 곧 어린양의 승리와 그분의 나라가 사망을 완전히 삼키게 될 날을 항상 우리 앞에 그리며 살아야 한다. 그러면 우리가 이 눈물 골짜기를 지나며 흘린 모든 눈물이 헛되지 않을 것이다.

06

피할 수 없는
진실

WHAT COMES AFTER THIS LIFE?

　천국과 부활, 그리고 새 하늘과 새 땅에 관한 교리를 살펴보았으니, 이제는 지옥의 교리로 넘어가 보자. 내 생각에는 기독교 신학에서 지옥에 대한 교리보다 더 다루기 힘든 주제는 없는 것 같다. 사실, 그동안 이 교리에는 너무도 논란거리가 많아서 현대에 들어서는 거의 언급조차 되지 않을 정도다. 지옥 불과 유황의 이미지로 대표되던 과거의 부흥 설교에서 돌아서서, 이제는 그 지옥의 공포에 대해 한 마디도 꺼내지 않게 된 것이다.

　아마도 조나단 에드워즈(Jonathan Edwards)만큼 지옥이라는 개념을 면밀히 다뤘던 신학자나 설교자는 없을 것이다. 내가 대학 시절에 본 심리학 교과서에서는 에드워즈를 가학적 성향을 지닌 사람의 예로 들고 있었다. 그가 지옥이라는 주제에 대해 굉장히 자주 설교했기 때문이었다. 하지만 당시에 나는 몇 세기 이전의 사람을 데려다가 정신분석의 대상으로 삼는 것이 껄끄러웠다. 만일 사람들이 시간을 내서 에드워즈의 글을 깊이 읽어본다면, 그가 지옥의 실재를 믿었던 것은 분명하지만, 자기 자신뿐 아니라 자기에게 맡겨진 회중의 영적인 안녕에 대해서도 뜨거운 관심을 갖고 있었음을 발견하게 될 것이다. 만약 어떤 목사가 지옥에 대해 믿는데 자신의 회중을 사랑하지 않는다면, 그는 사람들에게 지옥이 얼마나 끔찍한 곳인지 설득하기 위해 수단과 방법을 가리지 않고 온갖 가학적인 노력을 기울일 것이다. 왜냐하면 가학적인 사람은 다른 사람의 고통이나 괴로움을 상상하면서 일종의 기쁨이나 희열을 얻기 때문이다. 하지만 에드워즈는 결코 그런 사람이 아니었다.

20세기의 관점에서 보면, 우리는 지옥의 교리를 진지하게 논의하는 것에 대해 이와 같은 알레르기 반응을 보인다. 사실, 교회 역사에서 오늘날처럼 많은 사람이 이 교리를 불편해했던 시기는 거의 없었을 것이다. 자유주의 신학자들은 이 교리를 하나님과 예수님의 사랑에는 도무지 걸맞지 않은 원시시대 사람들의 신화적 세계관의 일부인 것처럼 취급하며 완전히 폐기해 버린다. 또 어떤 이들은, 심지어 복음주의 진영 안에서조차, 죄인에 대한 궁극적 심판은 지옥이라는 장소에서 영원한 형벌이 지속되는 것이 아니라 그 사람의 존재 자체가 소멸해 버리는 것이라는 영혼멸절설(annihilationism) 교리를 제시함으로써 큰 논란을 야기하기도 했다. 그들은 존재의 소멸이 가져다주는 가장 큰 상실은 바로 천국에서 영원히 살게 될 이들에게 약속해 주신 그 행복을 잃어버리는 것이라고 믿는다.

지옥은 조나단 에드워즈나 존 웨슬리(John Wesley), 혹은 부흥 운동을 이끌었던 초기의 어떤 설교자들이 자의적으로 고안해 낸 개념이 아니다. 또한, 16세기 종교개혁자들이나 토마스 아퀴나스(Thomas Aquinas), 혹은 아우구스티누스(Augustine)가 만들어낸 것도 아니다. 우리가 성경을 통해 배우는 지옥에 관한 거의 모든 내용은 바로 예수님께서 친히 말씀하신 것들이다. 예수님께서 지옥에 대해 그토록 자주 언급하셨기 때문에 교회가 그 개념을 진지하게 받아들이는 (혹은 적어도 그 개념을 진지하게 받아들여야 하는) 것이다.

몇 년 전 지옥에 대한 연속 강의에서 존 거스트너(John Gerstner) 박사는 이렇게 말했다. "정의롭고 거룩하신 하나님께서 내리시는 영원한 형벌이라는 의미에서 이 지옥의 전체적인 개념은 너무도 깊고 난해하여 우리의 감정으로는 감당하기 어려우며, 따라서 그러한 장소가 실재한다는 사실을 우리에게 확신시켜 줄 수 있는 충분한 권위를 지닌 유일한 사람은 오직 예수님뿐이다."

지옥의 교리를 주제로 토론할 때마다 사람들이 흔히 내게 던지는 질문은, 신약성경에서 말씀하는 지옥의 모습을 글자 그대로 해석해야 한다고 믿느냐는 것이다. 그도 그럴 것이, 신약성경에 나타나는 지옥에 대한 묘사는 굉장히 생생하기 때문이다. 고통받는 곳(눅 16:28-역주), 구덩이(벧후 2:4-역주), 영원한 불이 있는 곳(마 18:8, 25:41; 유 1:7-역주), 혹은 (요한계시록에 있는 것처럼) 무저갱(계 9:1, 2, 11, 11:7, 17:8, 20:1, 3-역주) 등으로 불리기도 하고, 또한 "바깥 어두운 데"(마 25:30)로 묘사되기도 한다.

사람들의 그런 질문에 나는 "아니요. 나는 그런 회화적 표현들을 글자 그대로 해석하지 않습니다."라고 대답한다. 여기에는 몇 가지 이유가 있는데, 그것은 잠시 후에 살펴보도록 하겠다. 어쨌든, 내가 그런 표현들을 글자 그대로 받아들이지 않고 오히려 그런 것들은 상징이나 비유, 혹은 은유나 표상이라고 말하면 사람들은 깊은 안도의 한숨을 내쉰다. 그러면서 "아이고, 문자 그대로 받아들이지 않으신다니 참 다행입니다."라고 소리친다.

이러한 묘사들을 글자 그대로 받아들이는 것에 관해 한 두 가지 이야기해 보고자 한다. 고전적인 정통 신학에서 이러한 묘사들을 문자적으로 곧이곧대로 받아들이려 하지 않았던 한 가지 이유는, 그렇게 하면 그 묘사들 상호 간에 발생하는 충돌을 해결하기가 어렵기 때문이다. 만약 지옥이라는 곳이 한편으로는 불이 타고 있는 곳이면서 또 동시에 바깥 어두운 곳이라고 한다면, 이 두 가지 개념은 상호 조화를 이루기가 어렵다. 왜냐하면 불이 있는 곳에는 빛이 있기 때문이다. 불이 있는데 완전한 어둠이 함께 있을 수는 없다. 이처럼 두 가지 그림은 서로 충돌을 일으키는 것이다.

섣불리 안도의 한숨을 내쉬기 전에 우리는 또 한 가지를 생각해 보아야 한다. 만약 신약성경에 나타나는 지옥에 대한 묘사가 상징적인 것이라는 입장을 취한다면, '그러한 상징은 어떤 역할을 하는가?'라는 질문을 해야만 한다. 성경에서 비유와 은유 등의 표현은 실재와 유사한 모습을 드러내 보여 주는 역할을 한다. 상징은 그 자체로 실재하는 것은 아니지만 그 너머에 있는 다른 무언가를 가리키는 것이다. 그러면 여기서 '상징이 가리키는 그 실재는 상징과 비교했을 때 강렬함이 덜한가 아니면 더한가?'라는 질문이 제기된다.

우리가 추정해 볼 수 있는 것은 실재에는 상징을 통해 보여 주는 것보다 언제나 더 많은 내용이 담겨 있다는 점이다. 그렇다면 이러한 상징들이 가리키는 실재는 우리가 그 표현들을 문자 그대로 받아들이는 것보다도 더 끔찍한 것일 수도 있다. 어떤 신학자는 말하길, 지옥에 있는 죄인은 실제 지옥에 들어가느니 차라리 불붙는 못에 들어가는 것이 낫다고 여겨서, 거기에 들어갈 수만 있다면 어떤 짓도 마다하지 않을 것이며 자기에게 있는 것을 전부 다 내버릴 수도 있을 것이라고 했다. 우리는 지옥이 어디에 있고 또 어떻게 돌아가는지 모른다. 하지만 우리 주님께서 사용하신 표현들을 통해 짐작할 수 있는 것은, 그곳은 결코 가서는 안 될 곳이라는 점이다. 그곳은 말로 다 표현할 수 없는 고통과 괴로움이 가득한 장소다.

역사적으로 끊이지 않았던 한 가지 질문은, '지옥에서 사람들이 받는 고통 혹은 형벌은 육체적인 형벌인가?' 하는 점이다. 성경에서는 몸의 부활이 신자들뿐만 아니라 불신자들에게도 똑같이 일어난다고 말씀한다. 그리고 성경의 저자들은 궁극적으로 최후의 심판 이후에 지옥에 떨어지는 사람들은 부활한 몸을 입고 그에 합당한 형벌을 받게 된다고 말한다. 이처럼 신약성경에서 언급하는 지옥에 관한 묘사들은 신체적인 형벌에 관한 내용이 상당히 많다. 그래서 많은 사람이 지옥에서는 가혹한 육체적 고난이 끝없이 지속된다고 결론지었다.

물론 정말로 그럴 수도 있다. 하지만 신학자 중에는 그 고통의 본질은 영혼의 고통이라고 주장하는 이들도 있다. 다시 말해 사람의 영혼이 하나님과 함께하는 축복 및 그분의 은혜에서 끊어짐으로써 겪는 고통이라는 말이다. 부활한 몸 안에 그러한 영적인 고통을 지니고 사는 것은 그야말로 괴로운 일이 아닐 수 없을 것이다. 하지만 그럼에도 이 모든 주제는 우리가 그저 짐작만 해볼 수 있을 뿐이다.

신약성경에서 소위 지옥이라 불리는 이 장소에 대해 언급하는 몇 가지 구절을 살펴보자. 마태복음 25장의 달란트 비유에서 예수님은 다음과 같이 말씀하신다. "무릇 있는 자는 받아 풍족하게 되고 없는 자는 그 있는 것까지 빼앗기리라 이 무익한 종을 바깥 어두운 데로 내쫓으라 거기서 슬피 울며 이를 갈리라 하니라"(마 25:29-30). 여기서 예수님은 두 가지 그림을 사용하신다. 그중의 하나가 "바깥 어두운 데"다.

사람들은 내게 지옥은 하나님과 단절되는 것을 말하는지 묻는다. 나는 보통 "그렇기도 하고, 아니기도 합니다."라고 대답한다. 내가 "맞아요. 지옥은 하나님과 단절되는 것입니다."라고 말하면, 사람들은 또 안도하는 기색이 역력하다. 하지만 그렇다고 해서 지옥이 단순히 하나님께서 전혀 계시지 않는 곳, 그래서 불붙는 못까지는 아니고 그저 일단의 사람들이 모여 있는 어떤 장소에 불과하다는 의미일까? 이것은 장 폴 사르트르(Jean-Paul Sartre)의 짧은 희곡 『닫힌 방』에 나타나는 묘사다. 거기서 사람들은 하나님께서 함께하시지 않는 상황 속에서 서로를 대해야 하는 비참한 존재 안에 갇혀 정죄를 당한다. 하지만 지옥이 단순히 하나님의 부재를 나타낸다는 것에 안도하기 전에 그것이 의미하는 바를 잠시 생각해 보자.

오늘날 우리가 사용하는 말에는 직간접적으로 지옥을 가리키는 표현이 많이 있다. 아마 여러분도 들어 보았을 것이다. 군대에 다녀온 사람은 "전쟁은 지옥이야."라고 말하곤 한다. 또는 커다란 육체적 고난을 겪은 사람이 "그때 정말 지옥 같았어."라고 말하기도 한다.*

---

* 한국어에서도 출퇴근 시간에 이용하는 서울의 지하철을 "지옥철"이라고 부른다거나, 열악한 주거 환경을 언급하는 지하, 옥탑, 고시원의 앞 글자들을 합쳐 "지옥고"라고 부르는 것 등을 생각해 볼 수 있다-역주.

하지만 그런 표현들은 과장법, 즉 실재보다 더 부풀려서 말하는 문학적 기법으로 이해해야 한다. 만약 지금 이 순간 세상에서 가장 큰 고통을 당하고 있는 사람, 즉 이 세상에서 인간이 상상할 수 있는 최악의 고난을 겪고 있는 어떤 사람을 찾을 수 있다 해도, 여전히 그는 하나님과 함께함을 통해 분명한 유익을 누릴 수 있다. 왜냐하면 하나님께서 세상 모든 사람에게 베푸시는 은혜와 자비(소위 '일반 은총'이라 부르는 것)는 사람이 살아 있는 한 완전히 없어지는 것은 아니기 때문이다.

그러나 지옥에서는 이 은혜가 완전히 없어진다. 하나님의 축복과 은혜가 전혀 남아 있지 않고 완전히 사라진 곳에서 살아가는 일은 우리가 이 세상에서 상상할 수 있는 그 어떤 것보다도 훨씬 더 끔찍한 일일 것이다. 따라서 지옥을 하나님의 부재라고 생각하는 것이 내게는 그다지 큰 위로가 되지 않는다.

지옥은 하나님으로부터 아무런 유익도 얻을 수 없는 곳, 즉 하나님의 자비로우신 사랑이 없는 곳이다. 내 생각에, 만약 지옥에 있는 사람들이 전체 투표를 해서 그중에서 한 명을 강제로 추방하거나 쫓아낼 수 있다고 한다면, 아마도 하나님께서 만장일치의 표를 얻지 않으실까 한다.

왜냐하면 지옥에서 가장 환영받지 못하는 분은 바로 하나님 자신이시기 때문이다. 만일 하나님께서 그들을 완전히 버리신다면 그들에게는 오히려 아주 달가운 일이 될 것이다.

지옥에서 문제가 되는 것은 단순히 하나님의 은혜가 없다는 의미에서 그분의 부재가 아니다. 오히려 하나님의 임재가 더 큰 문제다. 왜냐하면 무소부재(無所不在)하신 하나님은 지옥에도 계시기 때문이다. 시편 기자는 이렇게 외친다. "내가 주의 영을 떠나 어디로 가며 주의 앞에서 어디로 피하리이까 내가 하늘에 올라갈지라도 거기 계시며 스올에 내 자리를 펼지라도 거기 계시니이다"(시 139:7-8). 만약 하나님께서 어디에나 존재하신다면, 마찬가지로 그분은 지옥에도 계심이 분명하다.

그렇다면 하나님은 그곳에서 무엇을 하시는가 하는 점이 문제다. 그분께서 거기에 계심은 심판을 뜻한다. 진노의 벌을 내리시기 위해 그곳에 계신다는 뜻이다. 하나님께서 지옥에 계신 이유는 거기 있는 사람들에게 그분의 공의를 세우시기 위함이다. 앞서 내가 지옥에 있는 사람들은 그 누구보다 하나님께서 그곳을 떠나시기를 바랄 것이라고 말했던 이유가 바로 그것이다. 왜냐하면 죄인인 우리의 근본적인 본성은 하나님의 임재를 피해 도망치는 것이기 때문이다. 인류 최초의 죄를 지었던 아담과 하와는 그 죄의 여파로 하나님의 임재를 피해 달아났고, 그분 앞에서 숨었다. 죄책감과 부끄러움을 경험한 그들은 절대로 하나님과 함께하려 하지 않았다. 만약 그러한 상태가 무한대로 증폭된다면, 그것이 바로 지옥에 있는 자들이 마주해야 하는 현실이다.

예수님은 이와 같은 곳을 일컬어 "바깥 어두운 데"(마 25:30)라고 말씀하신다. 이 말의 참뜻을 이해하기 위해서는 구약성경에서 '바깥'의 장소, 혹은 '바깥 어두운 데'라는 표현이 어떤 의미로 사용되었는지 생각해 보아야 한다. 하나님은 유대인들에게 그분의 율법을 받은 이들이 택할 수 있는 두 가지 선택지를 보여 주셨다. 율법을 지키는 이들에게는 축복을 약속하셨고, 반대로 그분의 율법을 부인하거나 거부하는 자들, 혹은 그에 불순종하는 자들에게는 하나님의 저주가 임할 것이라고 하셨다. 구약성경에서 이 저주와 관련한 총체적인 개념은 '어두움'과 '바깥 어두운 곳'이라는 형상으로 그려졌다. 이것은 이스라엘이라는 연합체, 곧 그들의 진영 밖에 있는 어두움이었고, 그리스도께서 십자가에 달리셨을 때 예루살렘 위에 드리워진 어두움이었다. 반대로 말하면, 하나님께서 계시는 곳은 하나님의 영광이 사방으로 퍼져나가는 빛의 장소로 묘사되었다. 따라서, 예수님께서 경고하신 바깥 어두운 곳은 저주의 장소, 즉 하나님의 얼굴에서 빛나는 그 광채가 비추지 않는 곳을 말씀하신 것이다.

예수님은 또한 그곳에서 "슬피 울며 이를 갈리라"(마 25:30)라고 말씀하셨다. 이것 역시 유대인이라면 누구나 이해할 수 있는 구체적인 묘사이며, 우리도 얼마든지 이해할 수 있는 표현이라고 생각한다. 우는 것에도 여러 가지 종류가 있다.** 애통하는 이들의 울음이 있고, 고통 중에 있는 이들의 울음이 있다. 그런가 하면 행복에 겨워 우는 이들도 있다. 하지만 이처럼 울음이라는 관념에 '이를 갈리라'라는 표현이 더해지면, 이것은 결코 유쾌한 상황이 아님은 분명하다. 예수님은 지금 깊은 슬픔에서 우러나오는 통곡에 대해 말씀하시는 것이다.

신약성경에서 '이를 간다'라는 표현을 자세히 들여다보면, 그것이 증오심과 밀접하게 연결되어 있음을 보게 된다. 예를 들어, 스데반이 하나님의 말씀 전하는 것을 들은 군중은 분노로 가득 차 이를 갈았다(행 7:54 참조). 지옥에

** 한글 성경에는 "슬피"라는 부사가 첨가되어 울음의 종류를 구체화하고 있으나, 그에 대한 헬라어 표현은 단지 '울음'을 뜻하는 "클라우드모스"(κλαυθμός) 한 단어다. 영어로도 그저 "weeping"이라고만 번역하여 그 울음이 어떤 종류의 것인지를 밝히고 있지는 않다-역주.

있는 사람들은 하나님과의 관계가 나아지지 않는다는 점을 이해할 필요가 있다. 사람이 지옥에 가는 가장 첫 번째 이유는 바로 그가 하나님을 대적하기 때문이다. 따라서, 하나님께서 사람을 바깥 어두운 데로 보내셔서 거기서 고통 중에 울게 하실 때, 그들은 창조주를 향해 더 큰 증오를 품고 이를 간다.

07

중대한 구분

WHAT COMES AFTER THIS LIFE?

계속해서 지옥에 대한 성경적 개념을 살피기 위해 다시 한번 마태복음의 말씀으로 돌아가 보자.

인자가 자기 영광으로 모든 천사와 함께 올 때에 자기 영광의 보좌에 앉으리니 모든 민족을 그 앞에 모으고 각각 구분하기를 목자가 양과 염소를 구분하는 것같이 하여 양은 그 오른편에 염소는 왼편에 두리라 그 때에 임금이 그 오른편에 있는 자들에게 이르시되 내 아버지께 복 받을 자들이여 나아와 창세로부터 너희를 위하여 예비된 나라를 상속받으라 내가 주릴 때에 너희가 먹을 것을 주었고 목마를 때에 마시게 하였고 나그네 되었을 때에 영접하였고 헐벗었을 때에

옷을 입혔고 병들었을 때에 돌보았고 옥에 갇혔을 때에 와서 보았느니라 이에 의인들이 대답하여 이르되 주여 우리가 어느 때에 주께서 주리신 것을 보고 음식을 대접하였으며 목마르신 것을 보고 마시게 하였나이까 어느 때에 나그네 되신 것을 보고 영접하였으며 헐벗으신 것을 보고 옷 입혔나이까 어느 때에 병드신 것이나 옥에 갇히신 것을 보고 가서 뵈었나이까 하리니 임금이 대답하여 이르시되 내가 진실로 너희에게 이르노니 너희가 여기 내 형제 중에 지극히 작은 자 하나에게 한 것이 곧 내게 한 것이니라 하시고 또 왼편에 있는 자들에게 이르시되 저주를 받은 자들아 나를 떠나 마귀와 그 사자들을 위하여 예비된 영원한 불에 들어가라 내가 주릴 때에 너희가 먹을 것을 주지 아니하였고 목마를 때에 마시게 하지 아니하였고 나그네 되었을 때에 영접하지 아니하였고 헐벗었을 때에 옷 입히지 아니하였고 병들었을 때와 옥에 갇혔을 때에 돌보지 아니하였느니라 하시니 (마 25:31-43)

이 본문에서 예수님은 양과 염소를 구분하시는 모습을 그림으로 보여주신다. 양과 염소를 나누는 인자의 모습을 통해 나라와 민족을 구분하실 왕에 관해 이야기하시는 것이다. 양은 그리스도께 순종하며 그분을 따랐던 사람들, 즉, 태초부터 그들을 위해 예비된 천국을 기업으로 받게 될 사람들을 뜻한다. 이에 반해 염소는 하나님과 그분의 천사들이 있는 하늘에서 쫓겨나 영원한 불로 던져질 사람들이다. 예수님은 지금 심판의 개념을 말씀하고 계신다.

흥미롭게도 신약성경에서 심판을 뜻하는 단어는 헬라어 **크리시스**(κρίσις)인데, 여기서 **크라이시스**(crisis)라는 영어 단어(영어의 "crisis"는 우리말로 '위기'를 의미한다—역주)가 나왔다. 헬라어 단어를 직접 영어로 가져와 쓰고 있는 것이다. 인류에게 있어 최고의 위기는 최후 심판의 위기일 것이다. 그날은 바로 중대한 구분의 때이기 때문이다.

신약성경에 나타나는 지옥의 개념을 제대로 파악하려면 그 뒤에 전제가 되는 몇 가지 다른 관념들을 먼저 이해해야만 한다. 첫째, 하나님의 공의라는 개념이다. 우리는 하나님께서 공의로우시며, 하나님의 거룩함과 완전한 의에 따라 심판하신다고 말한다. 둘째, 하나님은 온 우주의 통치자이시다. 즉, 하나님께서 모든 사람을 다스리신다. 이 말의 요지는 하나님께서 각 사람에게 그의 삶에 대해 책임을 물으신다는 뜻이다. 셋째, 예수님께서 땅에서 사역하시면서 가르치신 내용을 한마디로 정리하자면, 인류에 최후 심판이 있으리라는 것이다. 우리는 모두 하나님 앞에 나아가 자신의 삶을 낱낱이 고하게 될 것이고, 그분의 완전한 의와 완전한 법에 따라 심판을 받을 것이다.

신약성경이 보여 주는 최후의 심판이라는 그림에는 하나님의 법원 혹은 법정에서 고소를 당한 이들의 모습이 담겨 있다. 완전하시고 거룩하신 하나님께서 최후의 심판 자리에서 이들에게 제기하신 혐의에 대해 그들은 오직 침묵할 수밖에 없다. 모두 그저 꿀 먹은 벙어리가 될 뿐이다. 왜냐하면 공의와 지식이 완전무결하신 재판장 앞에서 몇 마디의 말로 자신을 변호할 수 있는 사람은 아무도 없기 때문이다. 또한, 재판 과정에서 거짓말을 하는 것도 무모한 짓이다. 우리는 우리의 행위와 생각과 말에 대한 완벽한 증거 기록을 갖고 계신 창조주를 절대로 속일 수 없다는 것을 알기 때문이다. 구약성경에서는 하나님에 관해 이렇게 선포한다. "여호와여 내 혀의 말을 알지 못하시는 것이 하나도 없으시니이다"(시 139:4). 예수님은 이 최후의 심판에 대해 경고하신다. 그날에는 모든 무익한 말이 심판을 받게 될 것이다.

이 말은 하나님께서 우리 각자에게 우리의 일거수일투

족만이 아니라 우리가 내뱉은 말 한마디 한마디까지 다 책임을 물으실 것이라는 의미다. 가볍게 한 말이나 무심결에 한 말, 그리고 시답지 않은 말들까지 모조리 심판대 앞에 올려질 것이다. 이렇게 무익한 말들도 심판을 받게 된다면, 하물며 우리가 진심을 담아 한 말들은 얼마나 더 큰 심판을 받게 되겠는가?

히브리서 기자는 이렇게 묻는다. "우리가 이같이 큰 구원을 등한히 여기면 어찌 그 보응을 피하리요 이 구원은 처음에 주로 말씀하신 바요 들은 자들이 우리에게 확증한 바니"(히 2:3). 피할 길은 없다. "우리 하나님은 소멸하는 불이심이라"(히 12:29)라는 경고를 깊이 새겨야 한다. 하지만 우리는 우리가 이 세상에서 행한 일들에 대해 책임을 져야 한다는 생각을 달가워하지 않는다.

미국의 문화에서는 대다수의 사람이 만약 사후 세계가 있다면 모두가 같은 곳으로 가서 영원히 천국의 복락을 누릴 것으로 생각한다. 죄인(罪人, a sinner)이 성인(聖人, a saint)이 되려면 죽는 것이 가장 빠른 길인 것이다. 구제불능의 무도한 이들조차 영면에 들면, 우리는 그들이 마침내 천혜의 지복과 천상의 평안을 누리게 되었다고 담대히 말하곤 한다. 하지만 사실, 그들은 이제 막 지옥문에 들어

선 것일지도 모른다. 그들이 지금 어떤 상태에 있을지 곰곰이 생각해 보는 것은 인간으로서는 감당하기 참 힘든 일이다. 이처럼 사람이 지옥 교리에 대해 감정적이고 본능적인 반응이 우러나오는 이유 중 하나는, 사람이라면 누구나 다른 사람이 그곳에 가는 모습을 떠올리기 쉽지 않기 때문이다. 심지어 비열하기 짝이 없는 사람일지라도 그가 지옥에 간다는 생각은 그리 유쾌하지만은 않다.

마지막 날에 심판과 구분이 있을 것이라는 그리스도와 신약성경의 이 단호한 가르침을 우리는 어떻게 받아들여야 할까? 어떤 사람은 참으로 천국에 들어갈 것이고, 또 어떤 이들은 바깥 어두운 데 내던져져 거기서 슬피 울며 이를 갈게 될 것이다.

나는 세상에 현존하는 설교 중 가장 무시무시한 설교는 바로 산상보훈의 말씀이라고 생각한다. 예수님께서 먼저 복을 선언하신다. 가난한 자는 복이 있고, 애통하는 자도 복이 있으며, 화평하게 하는 자 역시 복이 있을 것이라고 하셨다. 그러고 나서 마지막에는 사람들에게 다음과 같은 경고의 말씀을 하시며 설교를 끝맺으신다. 즉, 마지막 날에 많은 사람이 그분께 와서 이렇게 말한다. "주여 주여 우리가 주의 이름으로 선지자 노릇하며 주의 이름으로 귀

신을 쫓아내며 주의 이름으로 많은 권능을 행하지 아니하였나이까"(마 7:22). 이에 예수님은 말씀하신다. "내가 너희를 도무지 알지 못하니 불법을 행하는 자들아 내게서 떠나가라"(23절). "내가 너희를 도무지 알지 못하니." 여기서 잠시 멈추어 이 말씀을 생각해 보자.

예수님은 최후 심판의 날에 하나님과 예수님께서 부인하시는 사람들이 있을 것이며, 죽음 이후에 우리가 맞이하는 그 상황이 마지막이 될 것이라고 선언하신다. 지금이 바로 구원의 날이다. 성경에는 죽음 이후에 두 번째 기회가 있을 것이라는 언급이나 암시가 전혀 없다. 회개하고 그리스도께 피하는 일을 미루면 미룰수록, 우리의 상황은 그만큼 더 위험하고 위태로워진다. 왜냐하면 오늘밤 우리의 영혼을 되찾아가실 수도 있기 때문이다. 예수님의 가르침을 진지하게 받아들이지 않는 한 그 누구도 이 심판에서 벗어나 한가롭게 천국으로 걸어 들어갈 수 있을 것으로 생각해서는 안 된다. 이는 그분께서 반드시 구분하실 것을 말씀하시기 때문이다. 그 구분은 위기다. 하나님의 심판에서 살아남느냐 마느냐 하는 위기다.

마태복음 25장의 마지막 몇 절을 살펴보자. "그들도 대답하여 이르되 주여 우리가 어느 때에 주께서 주리신 것이나 목마르신 것이나 나그네 되신 것이나 헐벗으신 것이나 병드신 것이나 옥에 갇히신 것을 보고 공양하지 아니하더이까 이에 임금이 대답하여 이르시되 내가 진실로 너희에게 이르노니 이 지극히 작은 자 하나에게 하지 아니한 것이 곧 내게 하지 아니한 것이니라 하시리니 그들은 영벌에, 의인들은 영생에 들어가리라 하시니라"(44-46절). 다시 한번 예수님은 구분의 때가 올 것을 분명하게 말씀하신다. 그 구분은 사람이 마주할 수 있는 가장 커다란 위기가 될 것이다.

성경에서 '구원하다'라는 표현은 여러 가지 다양한 상황을 묘사하는 데 사용된다. 만약 누군가 치명적인 질병을 앓다가 건강을 회복하면, 그의 생명이 구원을 얻은 것이고, 이는 동시에 그 사람이 구원을 얻은 것이다. 또한, 어떤 군대가 패배할 것이 불 보듯 뻔한 전투에서 살아남으면, 그들 역시 구원을 얻은 것이다. 그런데 구원의 교리에 관한 이야기를 한다면, 그때는 궁극적인 구원을 의미한다. 구원은 근본적으로 어떤 재앙을 피하는 것이다. 따라서 성경에서 말씀하는 궁극적인 구원이란 곧 궁극적인 재앙을 피하는 것이다. 그렇다면 궁극적인 재앙은 무엇인가? 그것은 하나님을 끝까지 대적하는 이들에게 내리시는 그분의 진노다.

결국, 우리가 구원을 얻기 위해 피해야 할 궁극적인 대상은 하나님이시다. 우리는 하나님을 구원자로, 즉 우리를 심판에서 구속하시는 분으로 생각하고 싶어 한다. 물론, 우리가 진정으로 죄를 회개하고 그리스도의 긍휼에 우리 자신을 맡긴다면, 그분은 참으로 우리의 구원자이시다. 하지만 구원을 얻는다고 할 때 그것은 단순히 **그분께서** 구원하시는 것뿐만이 아니라 **그분에게서** 구원을 얻는 것이기도 하다. 왜냐하면 궁극적인 위기, 곧 사람이 마주할 수 있는 최악의 재앙은 완전한 의로 우리를 심판하시는 거룩하신 하나님의 심판이기 때문이다.

우리는 부패하고 불공정한 재판장 앞에 끌려가 우리가 받아야 할 것보다 더 중한 벌을 받지는 않을까 두려워하지 않아도 된다. 오히려 두려워해야 할 것은 공의로우시고 완전하신 재판장께서 우리의 행위, 우리의 업적, 우리의 공로에 상응하는 합당한 심판을 내리신다는 것이다. 성경에는 우리가 최후 심판 때 하나님의 보좌 앞에 가지고 갈 수 있는 유일한 공로는 죄밖에 없음을 분명히 말씀하신다. 그분의 완전한 공의 앞에서 우리가 이룬 유일한 업적은 완전한 형벌뿐이다.

요즘 우리는 시온의 평안을 누리고 있다. 설교자들은 지옥에 대해 설교하지 않고, 그리스도께서 말씀하신 이 경고의 메시지는 오늘날 신약성경에서 거의 지워져 버렸다. 우리는 이렇게 말한다. "하나님에 대해서는 걱정할 것이 전혀 없습니다. 하나님은 사랑이 넘치는 분이시기에 모든 사람을 구원하실 것이기 때문입니다." 글쎄, 과연 그럴까? 만약 하나님께서 정말로 모든 사람을 구원하신다면, 그분의 독생자는 다음과 같은 거짓 교리들을 가르치신 것에 대해 신랄한 비난을 면치 못하실 것이다. "구분의 때가 올 것이다. 축복과 저주가 함께 있을 것이다. 은혜로운 상급과 형벌이 함께 내려질 것이다. 사탄과 타락한 천사들, 그리고 자신의 의지로 그들을 따르는 모든 사람을 위해 지옥이 만들어졌다."

ph
08

형벌의 정도

WHAT COMES AFTER THIS LIFE?

지옥이라는 섬뜩한 개념을 다룰 때는 마음의 준비를 단단히 해야 한다. 바울은 다음과 같이 경고한다.

그러므로 남을 판단하는 사람아, 누구를 막론하고 네가 핑계하지 못할 것은 남을 판단하는 것으로 네가 너를 정죄함이니 판단하는 네가 같은 일을 행함이니라 … 이런 일을 행하는 자를 판단하고도 같은 일을 행하는 사람아, 네가 하나님의 심판을 피할 줄로 생각하느냐(롬 2:1, 3)

예수님처럼 바울도 하나님의 손에 있는 공의로운 심판이라는 주제를 꺼내 든다. 바울 역시 임박한 진노를 피해

달아나는 것에 대해 경고하는 것이다. 사람들은 정통 기독교에서 그동안 가르쳐 온 지옥의 개념은 하나님의 성품을 손상하는 것이고, 따라서 지옥의 교리는 하나님의 선하심에 먹칠을 한다고 말할 것이다. 그들의 불만은 이런 취지다. "나의 하나님은 사랑의 하나님이십니다. 그리고 나의 하나님은 선하신 하나님이십니다. 만약 하나님께서 사랑이 넘치고 선하신 분이시라면, 그분은 절대로 그 어떤 사람도 지옥에 보내지 않으실 것입니다." 여기서 "만약 하나님께서 정말로 사랑이 넘치는 분이시라면, 지옥이란 것은 없을 것이다."라는 진술의 논리를 한번 면밀히 살펴보자.

만일 내가 "부모에게 정말로 사랑이 넘친다면, 자신의 아이를 절대로 꾸짖거나 벌하지 않을 것이다."라고 주장한다면 어떻겠는가? 사람들은 아마도 이러한 비유에 반대하며 사랑이 넘치는 부모가 아이를 벌하는 것은 그 아이를 바로잡기 위한 일이라고 말할 것이다. 그러한 꾸짖음은 아이가 훗날 인생의 더 큰 어려움에 처하지 않게 하려고 돕는 일이라고 말이다. 이처럼 신약성경에도 분명히 하나님께서 사랑하시는 이들을 꾸짖으시되, 그러한 꾸짖음은 일시적인 것이라고 가르친다(히 12:6, 11 참고). 즉, 그것은 우리의 안녕과 안위를 위한 일이다.

하지만 지옥에 관한 이야기는 전혀 다르다. 그것은 신학적으로 흔히 말하듯 하나님의 교정적 진노가 아니라 **징벌적 진노**다. 단순히 그 진노의 대상이 되는 이들을 도덕적으로 개선하기 위한 것이 아니라, **하나님의 공의**를 드러내시는 것이다. 그러니 사람들은 "만약 하나님께서 정말로 사랑이 넘치는 분이시라면, 어떻게 그런 분께서 사람들에게 징벌적 진노를 쏟아부으실 수 있겠는가?"라며 항변하는 것이다.

우리는 하나님의 사랑에 어떤 목적이 있는지 생각해 봐야 한다. 어떤 이들은 하나님께서 모든 사람을 사랑하시며, 따라서 모든 사람을 천국으로 데려가신다고 생각한다. 물론 성경에 보면 하나님께서 모든 인류에 베푸시는 자비로운 사랑이 나타난다. 해와 비, 그리고 계절의 변화 등과 같은 창조의 축복을 부어 주시는 것이며, 이러한 사랑에는 조건이 없다. 그러나 이 사랑은 구원하시는 사랑이 아니다. 따라서 영원하지 않으며, 단지 이 땅이 존재하는 동안에만 지속되는 것일 뿐이다.

하나님께서 자비로운 사랑을 베푸시는 데는 구원이 아닌 다른 목적이 있다. 자신의 죄를 회개하지 않고 믿음으로 나아오지 않는 사람들에게 축복을 부어 주시는 이유는 그들이 회개하고 예수 그리스도 안에 있는 긍휼의 은혜를 붙잡을 수 있도록 기회를 주시는 것이다.

이렇게 하나님은 우리처럼 죄 많은 피조물에게 자비로운 사랑을 베풀어 주시지만, 그분께는 이보다 더 큰 의미의 사랑도 있다. 그것은 바로 **의를 위한 사랑**이고, 그분의 성품을 위한 사랑이다. 하나님은 그분의 영광에 미치지 못하는 우리의 부족함을 수용하시기 위해 그분의 거룩함과 의를 타협하지 않으신다. 이는 하나님께서 당신 자신의 영광을 사랑하신다는 의미이며, 완고하고 뉘우칠 줄 모르는 사람을 지옥에 보내어 벌하심으로써 하나님의 그 영광이 드러난다는 것이다.

지옥이 어떤 의미에서는 하나님께 영광이 된다는 이 생각은 우리가 정말 이해하기 어려운 개념일 수 있다. 왜 그럴까? 무엇 때문일까? 지옥이 하나님께 영광이 되는 첫 번째 이유는, 그것이 하나님의 선하심을 명확하게 드러내 보여 준다는 점이다. 하지만 뭔가 이상하지 않은가? 나는 앞서 지옥에 대해 가장 자주 제기되는 두 가지 반론이 그분의 사랑과 그분의 선하심이라고 했다. 만약 하나님께서 정말로 사랑이 넘치는 분이시라면(그분은 마땅히 그러해야 하듯이), 지옥에는 아무도 없을 것이라고들 말하기 때문이다. 나아가 하나님의 사랑이 곧 지옥의 불필요함을 뜻하는 것이라면, 그분의 선하심이 의미하는 바는 사람들이 그 사랑에 어떻게 반응하든 하나님은 그 모두를 구원하실 만큼 사랑이 차고 넘치는 분이셔야 한다는 것이다. 다시 말해서, 하나님께서 사랑이 넘치고 선하신 분이시라면, 지옥에 가는 사람이 아무도 없어야 한다는 의미다.

하지만 이렇게 한번 생각해 보자. 선하고 공의로운 재판장은 죄악을 처벌하지 않고 내버려두는가? 만약 세상의 법정에서 끔찍하고 흉악한 범죄 혐의를 받는 사람을 판단하지 않기로 결정한다면, 우리는 그 법정이 선한 판결을 내렸다고 말할 수 있겠는가? 그것을 정의라고 생각하겠는가? 당연히 아닐 것이다.

신학자인 내 친구 한 명이 배심원단에 들어가게 되었는데, 거기서 배심원장이 이런 말을 했다고 한다. "우리가 여기서 해야 할 일은 옳고 그름을 판단하는 것이 아니라 인간관계를 다루는 것입니다." 이것이 우리 시대의 사고방식이다. 이는 하나님께서 정말로 신경 쓰셔야 하는 일은 인간관계이지 악을 처벌하는 일은 중요하지 않다고 말하는 것이다. 만약 하나님께서 죄악을 벌하시겠다고 고집을 피우시면, 그 하나님은 선하신 분이 아니라는 말이다.

그러나 나는 죄악을 벌하지 않으시는 하나님이 오히려 선하지 않으신 분이라고 생각한다. 자신의 의와 공의를 완전히 내던져 버리시는 하나님이 선하지 않으신 분이다. 하지만 우리는 하나님께서 정의로우시고 선하신 분일 거라고 확신하거나 적어도 그것을 간절히 소망한다. 앞서 언급한 바와 같이, 지옥에서 문제가 되는 것은 하나님의 악하심이 아니다. 진정한 문제는 하나님의 선하심이다. 왜냐하면 하나님은 선하시고 악을 미워하시기에 그 악을 벌하시고자 지옥이라는 장소를 두셨기 때문이다.

로마서 2장 2절은 "이런 일을 행하는 자에게 하나님의 심판이 진리대로 되는 줄 우리가 아노라."라고 말씀한다. 하나님은 심판하실 때 진리대로 하신다. "이런 일을 행하는 자를 판단하고도 같은 일을 행하는 사람아, 네가 하나님의 심판을 피할 줄로 생각하느냐"(3절). 여기서 바울은 "만약 네가 죄를 짓는다면, 하나님의 심판을 피할 수 있을 거라고 생각하느냐?"라고 묻는다. 그는 이후에 하나님께서 은혜 가운데 거저 주시는 죄 용서와 의롭다 하심에 관한 복음을 꺼내 들기 위해 지금 이러한 가르침을 전하고 있다. 즉, 우리가 십자가와 칭의의 교리를 이해할 수 있는 기초를 놓고 있다. 이는 만일 우리에게 구원자가 없다면 우리는 심각한 문제에 봉착하게 될 것이라는 말이다. 바울은 지금 그리스도가 필요 없다고 생각하는 사람들, 곧 하나님의 심판을 피할 수 있다고 생각하는 사람들에게 이 말을 하는 것이다.

여러분은 혹시 자신이 하나님의 아들을 거절한다 해도 그분께서 여전히 자비를 베푸실 거라는 소망을 붙잡고 있는가? 나는 성경 어디에서도 그러한 소망의 근거를 찾지 못했다. 하나님은 사람이 지옥을 피하려면 자신의 죄를 회개하고 그리스도께 나아와야 한다는 요구를 절대로 포기하지 않으실 것이다.

바울이 고대 세계 문화의 중심지였던 아레오바고에서 철학자들이 운집한 가운데 연설했을 때, 그는 하나님의 오래 참으심에 관해 이야기했다. "알지 못하던 시대에는 하나님이 간과하셨거니와 이제는 어디든지 사람에게 다 명하사 회개하라 하셨으니 이는 정하신 사람으로 하여금 천하를 공의로 심판할 날을 작정하시고 이에 그를 죽은 자 가운데서 다시 살리신 것으로 모든 사람에게 믿을 만한 증거를 주셨음이니라"(행 17:30-31).

바울이 제시하는 회개는 선택사항이 아니다. 그는 "자

리에서 일어나 복도로 나오십시오. 손을 들고 저를 따라 이 기도문을 읽으십시오."라고 촉구하는 전도자가 아니다. 사도 바울은 사람들을 구원으로 초청한 것이 아니다. 명령한 것이다. 즉, 하나님께서 그들에게 하시는 명령이다.

이 명령을 거역하면 어떻게 되는가? 그런데 세상의 대다수 사람이 바로 그렇게 하고 있으면서도 그들은 하나님의 심판을 피할 것이라고 생각한다. 자기들이 바라는 평안을 가져다줄 설교자와 신학자들을 찾고 또 찾아 듣는다. 평화가 없을 때는 "평화, 평화!"를 외치며 하나님께서 자기들을 심판하지 않으시리라는 소망을 굳건히 다진다. 그들은 지옥이 실재한다는 그 사실을 애써 부인한다.

로마서 2장에서 바울은 계속해서 다음과 같이 말한다.

혹 네가 하나님의 인자하심이 너를 인도하여 회개하게 하심을 알지 못하여 그의 인자하심과 용납하심과 길이 참으심의 풍성함을 멸시하느냐 다만 네 고집과 회개하지 아니한 마음을 따라 진노의 날 곧 하나님의 의로우신 심판이 나타나는 그 날에 임할 진노를 네게 쌓는도다 하나님께서 각 사람에게 그 행한 대로 보응하시되 참고 선을 행하여 영광과 존귀와 썩지 아니함을 구하는 자에게는 영생으로 하시고 오직 당을 지어 진리를 따르지 아니하고 불의를 따르는 자에게는 진노와 분노로 하시리라 악을 행하는 각 사람의 영에는 환난과 곤고가 있으리니(롬 2:4-9)

이는 무서운 말씀이다. 왜냐하면 바울은 지금 무언가를 끌어모아 쌓아 올리는 사람을 묘사하고 있기 때문이다. 여기서 바울이 말하는 바는, 하나님의 선하심과 인내하심과 길이 참으심을 소홀히 여기는 사람들, 즉 그리스도를 의지하지 않고서도 그분께서 내리시는 진노의 심판을 피할 수 있으리라고 생각하는 사람들은, 진노의 날에 대비해 진노를 쌓아두고 있다는 것이다.

나는 이전에 한 목사 후보생의 목사 고시를 주관한 적이 있다. 이 시험에서 나는 그 후보생에게 죄에도 정도의 차이가 있다고 믿는지 물었다. 그는 단호한 어조로 아니라고 답했다. "그렇지 않습니다. 모든 사람의 죄는 다 똑같습니다. 모든 죄는 똑같이 가증스러운 것입니다. 야고보서에서도 '율법 중에 하나만 어기고 죄를 범해도 모든 율법을 다 어기는 죄를 범한 것'(약 2:10 참고-역주)이라고 말씀합니다." 그 후보생은 성경의 말씀을 통해 모든 죄는 동일하며, 천국에 가든지 아니면 천국에 가지 못하든지 둘 중의 하나일 뿐이라는 결론을 내렸다. 단테가 자신의 책 『신곡(지옥편)』에서 상상했던 것처럼 천국이나 지옥에 여러 가지 다른 단계가 있는 것은 아니라는 말이다.

그런데 바울은 지금 심판을 끌어모으고 진노를 쌓는 것, 그것을 축적하고 겹겹이 쌓아 올리는 것에 관해 이야기하고 있다. 우리가 매번 죄를 지을 때마다, 그리고 우리가 지은 죄에 대해 회개하고 그리스도를 향한 믿음으로 나아오는 일을 미룰 때마다, 우리는 하나님 앞에서 우리의 죗값을 더하고, 지옥의 형벌을 더하며, 하나님의 완전한 공의의 심판을 더하고 있다는 것이다.

하나님은 그분의 완전한 공의로 모든 죄를 공의롭게 벌하신다는 점을 기억하라. 만약 누군가 다섯 건의 살인을 저지르고, 다른 사람은 단 한 건의 살인만 저질렀다면, 하나님의 법정에서는 완벽하게 공의로운 형벌이 내려질 것이다. 다섯 건의 살인을 저지른 사람은 단 한 건의 살인을 저지른 사람보다 다섯 배 더 가혹한 심판을 받을 것이기 때문이다. 이 세상에서 우리는 그렇게 할 수 있는 능력이 없지만, 하나님은 하실 수 있다. 이것은 우리가 우리 자신에게 불리한 증거를 쌓고 있다는 사도 바울의 엄중한 경고다. 죄를 짓고도 회개하지 않고 그리스도께 피하지 않는 시간이 길어지면 길어질수록, 받을 심판은 그만큼 더 무거워질 뿐이다.

예수님께서도 친히 이 개념을 여러 차례 가르쳐 주신다. 예수님은 무익한 청지기에 대한 비유에서 적게 맞을 자들과 많이 맞을 자들에 대해 말씀하신다(눅 12:35-48 참고). 또한, 벳새다에 내릴 심판이 두로와 시돈에 내릴 심판보다 더 크다고도 말씀하신다(마 11:20-24 참고). 이는 많이 맡기신 자들에게는 많이 요구하실 것이라는 말씀이다. 결국, 형벌에는 여러 단계가 있을 것이다. 왜냐하면 지옥은 공의가 완전하게 실현되는 곳이기 때문이다. 비록 우리는 모두 죄를 지어 지옥에 가야 마땅한 사람들이지만, 그곳에 가는 이들의 죗값은 그 정도와 단계가 다 다르다. 우리가 세상에 살면서 그리스도께 순종한 정도에 따라 천국에서 받을 상급이 차이가 나는 것처럼, 사람이 어떤 모습으로 살았는지에 따라 지옥에서 받을 하나님의 징벌적 진노의 강도도 달라질 것이다.

우리가 지옥의 개념에 대해 어려움을 겪는 점은 두 가지다. 첫째, 그 존재를 부인하는 것이다. 둘째, 설사 그것을 인정하거나 그것이 실재한다고 생각할지라도, 결국에는 모두가 같은 배를 탔고, 그래서 모두가 같은 벌을 받는다면서 그 존재를 유명무실하게 만드는 것이다. 하지만 나는 아무리 높은 단계(즉, 형벌이 적은 단계-역주)의 지옥이라 해도 그런 곳에는 가고 싶지 않다. 비록 천국에서의 상급과 행복이 다르고, 또 지옥의 형벌도 그 정도가 다 다르다고는 해도, 그 두 곳 사이의 간격은 거의 무한대라고 할 수 있다.

다음 장에서 보겠지만, 천국과 지옥 사이에는 건널 수 없는 무한한 구렁텅이가 있다. 우리는 하나님의 긍휼을 당연한 것으로 여겨 마치 하나님께서 우리를 공의롭게 심판하실 능력이나 의지가 없는 것처럼 생각하며 그분을 시험하는 것이 얼마나 위험한 일인지 올바로 깨달아야만 한다. 하나님의 심판대 앞에 섰을 때 우리가 그리스도의 의를 통해 의롭다 하심을 얻는다면, 우리는 그분의 진노를 피하게 될 것이다. 그러나 우리가 그리스도를 버리거나, 피하거나, 혹은 소홀히 한다면, 우리에게 남은 것은 공의의 심판뿐이다.

09

돌아올 수 없는 지점

WHAT COMES AFTER THIS LIFE?

지옥의 개념을 논의할 때 빠지지 않는 굉장히 중요한 비유 하나를 예수님께서 말씀하신다. 흔히 부자와 나사로의 비유라고 불리는 것이다.

한 부자가 있어 자색 옷과 고운 베옷을 입고 날마다 호화롭게 즐기더라 그런데 나사로라 이름하는 한 거지가 헌데 투성이로 그의 대문 앞에 버려진 채 그 부자의 상에서 떨어지는 것으로 배불리려 하매 심지어 개들이 와서 그 헌데를 핥더라 이에 그 거지가 죽어 천사들에게 받들려 아브라함의 품에 들어가고 부자도 죽어 장사되매 그가 음부에서 고통 중에 눈을 들어 멀리 아브라함과 그의 품에 있는 나사로를 보고(눅 16:19-23)

신약성경의 비유를 연구할 때 그것을 해석하는 일반적인 규칙은 해당 비유에는 한 가지 중심적인 논지가 있다는 점이다. 물론 항상 그런 것은 아니다. 예컨대, 씨 뿌리는 비유에는 중요한 논지가 여러 개 나오기도 한다. 하지만 비유를 해석할 때 조심해야 할 점은 모든 부분에서 다 의미를 찾으려고 하는 것이다. 만약 그렇게 하면 혼돈의 바다에 빠져 길을 잃게 될 것이다.

여기에 한 가지를 더 덧붙이고자 한다. 예수님께서 자연 세계와 사람들의 평범한 삶에서 실제 사례들을 가져오시거나, 혹은 어떤 논점을 설명하시기 위해 가상의 이야기를 지어 들려주실 때, 비록 그 이야기의 모든 논점이 일일이 특정한 신학적 교훈을 담고 있는 것은 아닐지라도, 예수님께서 정확하지 않은 말씀을 하시지는 않는다는 것이다. 다시 말해서, 그분은 성경의 다른 곳에 있는 하나님의 말씀에 정면으로 충돌하는 어떤 사례를 들어 무언가를 가르치지는 않으신다. 따라서 원론적으로는 하나의 비유 안에 있는 다른 부차적인 사안들에 대해서도 어느 정도는 추측해 볼 수 있는 여지가 있다. 이 점을 염두에 두고 위 비유의 도입부를 살펴보도록 하자.

예수님은 두 사람을 대비하며 이 비유를 시작하신다.

첫 번째 사람은 엄청난 부자다. 그에 반해 다른 한 사람은 극심한 가난에 더해 끊이지 않는 고통 속에서 비참한 삶을 살고 있다. 그는 온몸을 뒤덮고 있는 심각한 염증으로 인해 고통을 받고 있는데, 그 아픔을 달래주는 유일한 위로는 개가 와서 핥아 주는 것뿐이다. 이 사람은 그야말로 극도로 비참한 상황 속에 살아가고 있다.

부자는 자색 옷과 고운 베옷을 입었다. 고대 시대에 자주색 옷은 왕들의 의복이었기 때문에 고대인들이라면 이 사람이 왕과 같은 삶을 살고 있음을 알아차렸을 것이다. 예수님은 이 사람의 부유함을 굉장히 고상한 표현을 사용해 묘사하신다. 자주색으로 염색한 옷과 세마포로 짠 옷을 입었다는 것은 엄청난 부를 소유한 사람들만이 누릴 수 있는 것이었기 때문이다. 따라서, 이 비유는 엄청난 부와 극심한 빈곤을 극적으로 대비하고 있는 것이다.

이렇게 보면 예수님께서 이 비유에서 말씀하시고자 하는 핵심이 마치 가난한 사람들은 모두 천국에 가고 부자들은 모두 지옥에 간다는 것처럼 들릴 수 있다. 하지만 우리는 그러한 결론으로 치달아서는 안 된다. 그렇게 하면 성경의 다른 부분에 나타나는 가르침과 충돌을 피할 수 없기 때문이다. 성경에는 엄청난 부를 소유하면서도 **동시**

에 굉장히 경건한 사람들의 예가 많이 기록되어 있다. 이 비유에 등장하는 아브라함은 고대 세계에서 가장 부유한 사람 중의 한 명이었으나, 지금은 천국에서 가장 큰 영광을 누리고 있다. 아리마대 사람 요셉 역시 굉장히 부유한 사람이었음에도 예수님의 시신을 자신의 무덤에 안치한 것으로 잘 알려져 있다. 성경에는 부유한 사람은 모두 지옥에 갈 것이라거나, 혹은 본질적으로 부유한 것이 죄라는 말씀은 그 어디에도 없다.

그런데 예수님은 막대한 재산을 소유한 사람은 하나님 나라에 들어오는 것이 어렵다는 경고의 말씀을 자주 하셨다. 그 이유는 그런 사람들은 자기 스스로 부족한 것이 없다고 생각하는 경향이 있기 때문이다. 어리석은 부자의 비유를 보면, 그 부자는 세상에서 부를 쌓는 일에만 몰두하다 자신의 영혼을 돌보는 일은 소홀히 했음을 알 수 있다(눅 12:13-21 참고).

하지만 여기서도 예수님께서 가난한 사람은 모두 천국에 간다는 교리를 가르치시는 것이 아니다. 성경 어디에도 부를 통한 칭의는 물론이요, 가난을 통한 칭의도 전혀 가르치지 않는다. 가난한 것이 그 자체로 미덕은 아니다. 그러나 그리스도께서 주시는 위로를 찾아 모여드는 이들은 대체로 가난한 사람들인 경우가 더 많다. 왜냐하면 그들이 가진 것이든 갖지 못한 것이든 이 세상에서는 그들에게 위로가 되는 것이 없기 때문이다. 따라서 그들은 하나님 나라에 관한 소식에 더욱 마음을 열게 되는 것이다.

이 비유에 따르면 그 부자는 날마다 호화로운 생활을 즐겼다. 그의 삶은 거칠 것 없는 향락과 쾌락으로 가득 차 있었다. "그런데 나사로라 이름하는 한 거지가 헌데 투성이로 그의 대문 앞에 버려진 채 그 부자의 상에서 떨어지는 것으로 배불리려 하매"(눅 16:20-21). 다른 사람이 남긴 것으로 끼니를 해결하고자 하는 이들의 모습이 성경의 이곳에만 나타나는 것은 아니다. 구약 시대에는 '이삭줍기'라는 것이 허용되었다. 그것은 땅 주인이나 농부가 자신이 경작한 작물을 전부 다 수확하지 않고 밭의 모서리 부분을 남겨두어, 가난한 사람들이 와서 이삭을 가져갈 수 있도록 한 제도였다. 이렇게 해서 가난한 사람들이 극빈의 상태에 처하지 않도록 한 것이다.

요즘에는 자신의 빈곤을 드러내려는 듯 가방 하나에 자기가 가진 것을 다 집어넣고 돌아다니거나, 대형마트에서 사용하는 카트에 자신의 모든 소유를 실어 담은 채 밀고 다니는 가난한 사람들을 볼 수 있다. 그들은 여기저기 쓰레기통을 전전하면서 사람들이 먹다 버린 음식들을 뒤지고 다닌다. 이 비유에 나오는 거지 나사로가 바로 그런 사람이었다. 그는 부자의 집 대문 앞에 누워 그 부자가 버리는 쓰레기에서 먹을 것을 찾아 생계를 유지하려고 했다.

계속해서 이야기는 이렇게 흘러간다. "이에 그 거지가 죽어 천사들에게 받들려 아브라함의 품에 들어가고"(22절). 이 부분에서도 우리는 주의를 기울여야 한다. 예수님은 지금 성도가 죽어 천국에 가면 천사들에게 받들려 하나님께서 계신 곳으로 옮겨진다고 가르쳐 주시는 것인가, 아니면 단순히 내세의 아름다움을 묘사하기 위해 형상화한 표현인가? 나는 이 질문에 대한 답이 뭔지는 모른다. 하지만 한 번쯤 상상해 보는 것도 재미있지 않을까? 우리가 죽는 순간 호위대가 찾아오는데, 그 호위대는 우리를 그리스도의 품으로 데려다주는 천사들일 거라고 생각하는 것이 성경의 원리를 해치는 것은 분명히 아니다. 이 땅에서 우리의 생명이 끝나는 순간 곧바로 천사들과 함께한다면 정말 대단하지 않을까?

'내가 탄 마차'(Swing Low, Sweet Chariot)라는 흑인 영가를 한번 생각해 보라. "요단강 너머를 보았네. 무엇을 보았을까? 나를 집으로 데려가려고 오네. 천사들이 나를 찾아오네. 나를 집으로 데려가려고 오네." 이 가사는 성경에서 직접 가져온 것이다. 구약성경에서 엘리야 선지자가 회오리바람에 실려 하늘로 들려 올라가던 모습을 모티브로 한 것이다(왕하 2장 참고). 이것은 '셰키나 영광', 곧 천사들이 하나님의 영광을 중재하는 모습을 나타낸다. 나는 이것이 하나의 규범이 된다고 생각하고 싶다. 즉, 예수님은 지금 성경의 전체적인 계시에서 세부적인 내용을 하나 가져와 이 구절에 더해서 사용하신다. 따라서 그분의 백성인 우리는 이와 동일한 종류의 호위 서비스를 기대할 수 있다. 그것은 우리가 이 세상에서 누릴 수 있는 그 어떤 화려한 리무진과도 비교조차 할 수 없는 것이다.

예수님은 천사들이 이 거지를 "아브라함의 품"으로 데려갔다고 말씀하신다. '아브라함의 가슴'으로 번역되기도 하는 이 표현은 믿음의 조상들이 영원한 행복 가운데 안식을 누리고 있는 곳이라는 의미로, 천국을 간접적으로 일컫는 말로 사용되곤 한다. 그리고 나서는 "부자도 죽어 장사되매 그가 음부에서 고통중에 눈을 들어 멀리 아브라함과 그의 품에 있는 나사로를 보고"(눅 16:22-23)라고 말씀하신다. 이 말은 지옥에 있는 사람들이 천국에 있는 사람들을 볼 수 있다거나, 혹은 그 반대도 가능하다는 것을 반드시 의미하는 것은 아니다. 하지만 그럼에도 예수님께서 이러한 그림을 그려 주셨기에 우리는 그것이 실제로 일어날 수도 있는 일이라는 것을 부정하기는 어렵다. 적어도 이 비유의 목적을 분명히 하시기 위해, 예수님은 이 부자가 끔찍하고 무시무시한 고통을 당하는 중에도 자신은 놓쳤지만 저 가난한 거지는 누리고 있는 그 화려한 영광과 기쁨을 볼 수 있다고 말씀하신다.

비유의 말씀은 이렇게 이어진다. "불러 이르되 아버지 아브라함이여 나를 긍휼히 여기사 나사로를 보내어 그 손가락 끝에 물을 찍어 내 혀를 서늘하게 하소서 내가 이 불꽃 가운데서 괴로워하나이다"(24절). 이것은, 이미 앞서 언급했던 것처럼, 지옥이 필연적으로 불로 가득한 어떤 장소라거나, 혹은 그 열로 인해 고통을 받는 곳이라는 것을 의미하지는 않는다. 그러나 여기서 예수님께서 말씀하시는 요지는, 지옥에 있는 죄인은 자기가 세상에 사는 동안 지은 죄를 단 하나라도 줄일 수만 있다면 자신의 모든 소유를 희생하고 또 어떤 행동이든 마다하지 않으려 한다는 것이다. 지금 이 부유한 죄인은 고통을 조금이라도 덜 수 있는 길을 찾고 있으며, 전에 자신이 무시했던 걸인에게서 도움을 구걸하고 있다. 그가 요구하는 것은 하늘에서 내려 주시는 화려한 저녁 식사가 아니다. 그저 나사로가 손가락으로 시원한 물 한 방울을 찍어서 자신의 입술에 대주기만을 바랄 뿐이다. "부디 잠시만이라도 쉬게 해주세요." 이것이 부자가 외친 절규다. 그가 이 말을 외칠 때 "나를 긍휼히 여기사"라는 표현을 썼다는 점도 흥미롭다. 과연 그는 자신이 받고 있는 이 고난이 공의의 결과이며, 행여 그 고통을 경감할 수 있는 길이 있다면 그것은 하나님께서 긍휼히 여기시는 일뿐이라는 사실을 이해하고 있는 것일까?

> 아브라함이 이르되 얘 너는 살았을 때에 좋은 것을 받았고 나사로는 고난을 받았으니 이것을 기억하라 이제 그는 여기서 위로를 받고 너는 괴로움을 받느니라 그뿐 아니라 너희와 우리 사이에 큰 구렁텅이가 놓여 있어 여기서 너희에게 건너가고자 하되 갈 수 없고 거기서 우리에게 건너올 수도 없게 하였느니라 이르되 그러면 아버지여 구하노니 나사로를 내 아버지의 집에 보내소서 내 형제 다섯이 있으니 그들에게 증언하게 하여 그들로 이 고통 받는 곳에 오지 않게 하소서 아브라함이 이르되 그들에게 모세와 선지자

들이 있으니 그들에게 들을지니라 이르되 그렇지 아니하니이다 아버지 아브라함이여 만일 죽은 자에게서 그들에게 가는 자가 있으면 회개하리이다 이르되 모세와 선지자들에게 듣지 아니하면 비록 죽은 자 가운데서 살아나는 자가 있을지라도 권함을 받지 아니하리라 하였다 하시니라(눅 16:25-31)

우리는 본말이 전도된 세상에서 살고 있다. 마치 "종들은 말을 타고 고관들은 종들처럼 땅에 걸어 다니는도다"(전 10:7)라고 한 어떤 시인의 말과 같다. 악인은 번성하고 의인은 고난받는다. 그러나 하나님 나라가 완성되면 모든 것이 제자리를 찾을 것이다. 왜냐하면 이 세상에서 억압받고 부당한 피해를 본 사람들을 하나님께서 옳다고 인정하실 것이기 때문이다. 공의의 저울이 균형을 맞추도록 보응의 추가 놓일 것이다. 우리는 또한 부자가 아브라함에게 간청하는 모습을 볼 수 있다. 그는 나사로를 자기 형제들에게 보내어 그들이 자신과 똑같은 비참한 처지에 떨어지지 않게 해달라고 간구한다.

내가 생각하는 이 비유의 핵심 요지는 다음과 같다. '천국과 지옥 사이에는 메꿀 수 없는 거대한 구덩이가 있다.'

사람이 한 번 이 땅의 삶을 마치면, 그 후에는 지옥에서 천국으로 건너갈 수 있는 다리가 없다. 성경의 말씀과 같이, 우리가 우리의 삶을 살다 죽으면 심판이 있을 것이다. 무덤 너머에는 두 번째 기회란 없다. 예수님께서 아브라함의 입을 통해 우리에게 하시는 말씀은 우리가 죽을 때의 그 상태가 최종 상태라는 것이다.

어쩌면 우리가 저지르는 가장 미련한 짓 한 가지는 늑장 부리는 일일 것이다. 우리는 자기 자신에게 늘 이렇게 말한다. '내일은 새 출발을 할 거야. 내일은 하나님 앞에서 올바른 삶을 살 거야. 하지만 지금은 아직 준비가 안 됐어.' 이것이 바로 어리석은 부자가 흥얼거리던 노래였고, 주님은 그 어리석음에 대해 이렇게 경고하신다. "어리석은 자여 오늘 밤에 네 영혼을 도로 찾으리니"(눅 12:20). 우리는 이렇게 늑장 부리며 우리 구속의 문제를 차일피일 미뤄서는 안 된다. 성경에서는 거듭거듭 말씀하신다. "보라 지금은 구원의 날이로다"(고후 6:2).

지옥에 있는 부자는 간구한다. "그러면 아버지여 구하노니 나사로를 내 아버지의 집에 보내소서 내 형제 다섯이 있으니 그들에게 증언하게 하여 그들로 이 고통 받는 곳에 오지 않게 하소서"(눅 16:27-28). 하지만 아브라함의 대답은 "그들에게 모세와 선지자들이 있으니 그들에게 들을지니라"(29절)라는 것이다. 그 형제들이 모세와 선지자들의 말을 듣지 않았다면, 무엇 때문에 그들이 나사로의 말은 들을 것이라 생각하는가? 예수님께서 단언하신 것처럼, 설사 죽었다가 살아난 사람이 와도 그들은 듣지 않을 것이다(31절 참고).

사랑하는 이들이여, 그리스도께서 무덤에서 다시 살아나셨다. 그런데도 우리는 그분의 말씀을 듣지 않는다. 지금 이 순간이 우리가 그분의 음성을 듣고, 그분께로 피하여, 그분을 받아들일 기회다. 어쩌면 오늘이 여러분에게 주어진 마지막 기회일 지도 모른다.

LIGONIER LIBRARY

리고니어 미니스트리(Ligonier Ministries)는 1971년 R. C. 스프로울 박사가 많은 사람에게 하나님의 거룩하심을 온전히 선포하고 가르치고 변호하기 위해 설립한 국제적인 기독교 제자훈련 기관입니다. 리고니어 라이브러리(Ligonier Library) 배지는 전 세계와 여러 언어권에 신뢰할 수 있는 자료임을 나타냅니다.

리고니어 미니스트리는 예수님이 주신 지상명령에 헌신하기 위해 전 세계에 인쇄 및 디지털 형식으로 제자훈련 자료를 제공하고 있습니다. 신뢰할 수 있는 도서, 기사, 영상 강의 시리즈를 50개 이상의 언어로 번역하고 더빙합니다. 우리의 소망은 그리스도인은 무엇을 믿는지, 왜 믿는지, 믿는 대로 어떻게 살아가는지, 믿는 바를 어떻게 공유하는지를 잘 알도록 도움으로써 예수 그리스도의 교회를 지원하는 것입니다.

LIGONIER.ORG
KO.LIGONIER.ORG

사명선언문

너희가 흠이 없고 순전하여……세상에서 그들 가운데 빛들로
나타내며 생명의 말씀을 밝혀 _ 빌 2:15-16

1. 생명을 담겠습니다
만드는 책에 주님 주신 생명을 담겠습니다.
그 책으로 복음을 선포하겠습니다.

2. 말씀을 밝히겠습니다
생명의 근본은 말씀입니다.
말씀을 밝혀 성도와 교회의 성장을 돕겠습니다.

3. 빛이 되겠습니다
시대와 영혼의 어두움을 밝혀 주님 앞으로 이끄는
빛이 되는 책을 만들겠습니다.

4. 순전히 행하겠습니다
책을 만들고 전하는 일과 경영하는 일에 부끄러움이 없는
정직함으로 행하겠습니다.

5. 끝까지 전파하겠습니다
모든 사람에게, 땅 끝까지, 주님 오시는 그날까지
복음을 전하는 사명을 다하겠습니다.

서점 안내

광화문점	서울시 종로구 새문안로 69 구세군회관 1층 02)737-2288 / 02)737-4623(F)
강남점	서울시 서초구 신반포로 177 반포쇼핑타운 3동 2층 02)595-1211 / 02)595-3549(F)
구로점	서울시 동작구 시흥대로 602, 3층 302호 02)858-8744 / 02)838-0653(F)
노원점	서울시 노원구 동일로 1366 삼봉빌딩 지하 1층 02)938-7979 / 02)3391-6169(F)
일산점	경기도 고양시 일산서구 중앙로 1391 레이크타운 지하 1층 031)916-8787 / 031)916-8788(F)
의정부점	경기도 의정부시 청사로47번길 12 성산타워 3층 031)845-0600 / 031)852-6930(F)
인터넷서점	www.lifebook.co.kr